www.tredition.de

AF185700

Kathrin Laborda

WIR ZWEI, JETZT!

www.tredition.de

© 2020 Kathrin Laborda, 1. Auflage
Umschlag, Illustration: Maxima Knapp
Innenteil: Kathrin Laborda

Verlag und Druck:
tredition GmbH, Halenreie 40-44, 22359 Hamburg

ISBN
Paperback: 978-3-347-17881-6
Hardcover: 978-3-347-17882-3
e-Book: 978-3-347-17883-0

Dieses Buch ist auch als E-Book und Hörbuch erschienen.

Das Werk, einschließlich seiner Teile, ist urheberrechtlich geschützt. Jede Verwertung ist ohne Zustimmung des Verlages und des Autors unzulässig. Dies gilt insbesondere für die elektronische oder sonstige Vervielfältigung, Übersetzung, Verbreitung und öffentliche Zugänglichmachung.

Kathrin Laborda

folgt ihrem Herzen, ist ein Energie-bündel mit Charme, unterhaltsam und voller Herzlichkeit. Spaß haben, kreativ sein und umsetzen statt quat-schen, sind für die liebevolle Mutter sowie Ehefrau und taffe Geschäfts-frau ein besonderes Aushängeschild.

Direkt und nie um Worte verlegen, hat sie bereits über 1.000 Menschen ermutigt, teamfähig, kundenorientiert und kreativ ins Umsetzen zu kommen.

Der Weg mit Kathrin Laborda ist eine Mischung aus viel Energie, Team, Kreativität, Herz, Empathie, Auszeiten und Umsetzen.

Als Teamcoach, Bewusstseinstrainerin und Autorin holt sie die Menschen dort ab, wo sie gerade sind und begleitet sie in eine WIRKUNGSVOLLE UMSETZUNG.

Resultate und Erlebnisse sind unter anderem: Auszeiten, Ge-sundheit, Sichtbarkeit, Bewusstsein, Selbstliebe, Mitarbeiterbin-dung, Teamspirit und Umsatzerfolge.

Ihre POETRY FIRE™ setzt sie geschickt ein, um ihr Gegenüber die eigene Reise erleben zu lassen. Ihre Worte sind emotional berührend und gehen wie ein Kribbeln tief unter die Haut.

Manchmal passiert lange nichts, dann ist es einfach da.

Ein Schritt vor und einer zurück, ist kein Rückschlag. Vielleicht ist es Cha, Cha, Cha und ein Teil deiner Lebens-Choreografie?

„Sprich mit mir", sagt das Herz. „Was möchtest du hören?"
Deine Stimme.

Ich gebe dir mit diesem Buch die Kraft, deine Stimme zu hören und den Mut, deinen Weg zu gehen.

Traue dich zu sein und DEIN Leben zu leben, nutze deine Stimme.

Du hast eine Stimme, ich will sie hören.

So erreichst du Kathrin Laborda

ES IST MÖGLICH

kathrinlaborda@esistmoeglich.de

www.kathrin-laborda.de

Falls du auf ein Zeichen wartest: Hier ist es.

PODCAST
Kathrin Laborda

Spotify, Apple
Anchor FM
kathrinlaborda

INSTAGRAM

LINKEDIN

YOUTUBE

INHALTSVERZEICHNIS

WIR ZWEI, JETZT!

Lebe DEIN LEBEN, nutze deine STIMME.

INHALTSVERZEICHNIS

WIR ZWEI, JETZT!

Es sind die Momente, die uns den Sinn geben.

INHALTSVERZEICHNIS

WIR ZWEI, JETZT!

Trau' dich zu SEIN.

EIN STERN IST VOM HIMMEL GEFALLEN

Ein Stern fällt vom Himmel,
er muss sich zurechtfinden in all dem Gewimmel.
Er ist besonders und fällt überall auf,
jeder ist beschäftigt mit sich, legt keinen Wert darauf.
Auf das Leuchten, diese Pracht,
selten ist jemand dadurch aufgewacht.

Der Stern fühlt sich einsam und allein,
er wird dunkel und verliert seinen Schein.
Er lebt, so wie er es nie wollte.
Doch wie das Leben so ist,
hat er sich angepasst und
irgendwann sein Strahlen nicht mehr vermisst.

Wie du vielleicht weißt,
hat so ein Strahlen eine riesige Macht,
es sitzt tief im Inneren sorgt für Spaß und lacht.

Irgendwann hat dieses Strahlen
keine Lust mehr so tief vergraben zu sein.
Es breitet sich aus, wie ein innerer Sonnenschein.
Es meldet sich immer wieder, es zieht durch alle Glieder.

Jetzt ist es an dir, lieber Stern zu handeln,

dein Leben in Fülle und Freude zu wandeln.

Du findest Ausreden für nicht loslassen können,

zu viele Termine und weißt, du wirst dich verbrennen.

Dein Herz spricht: „Hör' auf mich und lass dich fallen,

Blut, Herz, Energie kommen ins Wallen."

Du fängst an, es zu genießen, deine Ideen sprießen.

Der Stern hat sich wieder erhellt.

Menschen können ihn erleben auf der ganzen Welt.

DANKSAGUNGEN

Danke an meine Eltern, für alles, was ihr mir mitgegeben habt. Auch wenn wir unterschiedliche Ansichten haben, steht ihr hinter mir. Danke von Herzen.

Danke an meine beste Freundin, dass du Teil in meinem Leben bist. In 2006 hast du Zeilen meines Tagebuches gelesen und allein durch die Worte gespürt, wie es mir damals ging. Du sagtest: „Mach mehr daraus." Das war der Grundstein dafür, dass ich 2019 den Mut hatte, mit meinem ersten Gedicht in die Öffentlichkeit zu gehen und dieses Buch veröffentliche. Dafür bin ich dir sehr dankbar.

Danke an meinen Mann, dass ich so sein darf, wie ich bin. Auch wenn du nicht immer alles verstehst, was ich sage und tue, hast du vollstes Vertrauen, dass es genau richtig ist. Wir sind wie Feuer und Wasser, unterschiedlicher können zwei Menschen nicht sein. Wir profitieren zu 100% voneinander. Was der eine nicht hat, können wir vom anderen lernen und wachsen daran.

Danke an meine Kinder, dass ihr ehrlich, direkt und klar eure Meinung äußert und kein Blatt vor den Mund nehmt. Danke für den Austausch, wodurch ich wieder zu mir gefunden habe und mehr auf mich höre.

Danke an alle, die mein Buch vorab gelesen haben und ihr Feedback haben einfließen lassen.

Danke an alle Menschen, die mir begegnet sind, mein Wachstum gefördert und mir den Stoff und Raum für meine POETRY FIRE™ gegeben haben. Ihr habt den Weg für dieses Buch geebnet.

Wir beschweren uns als Eltern gerne, dass unsere Kinder keine Lust haben, etwas zu machen, aufräumen, etc. Dabei sagen sie häufig nur: **GERADE JETZT NICHT.** Übersetzt – **Ich bin mir wichtig, ich bin im JETZT.** Viele Erwachsene wollen im Jetzt leben und verurteilen ihre Kinder, dass sie es leben – denk` mal drüber nach.

Verstehe mich nicht falsch, es ist wichtig, die Kinder mit in die Aufgaben einzubinden. Ich meine diese Momente, wo du selbst keine Lust hast und trotzdem Dinge tust, die dir Kraft rauben und Stress bereiten.

Seit ich mir ein Beispiel an meinen Kindern genommen habe, lebe ich ruhiger, entspannter und verbringe mehr Zeit mit Dingen, die mir Spaß machen, was mich gesünder und erfüllter leben lässt. Die Aufgaben erledige ich heute anders. Ich bin im Flow.

Es ist ein schönes Gefühl, mir selbst wichtig zu sein, obwohl es nicht immer leicht fällt, da ich als Mutter ständig automatisch im Versorgermodus bin. Ich frage dich: „Wen stört es, wenn etwas später gemacht wird?"

Während es dich selbst stört, veränderst du den Fokus auf das Ergebnis: auf das aufgeräumte Zimmer, die zusammengelegte Wäsche, die bereit liegt usw.

Fragst du dich, warum ich das anspreche? Es geht um Auszeiten schaffen und Momente genießen. WIR ZWEI, JETZT!

VORWORT

Wir leben in einer Welt voller Stress, Gelassenheit, Probleme und Lösungen, Liebe und Leidenschaft, Hoffnung und freiheitsliebenden Menschen. Negatives kann uns stressen und auch wachsen lassen. Positives gibt uns einen anderen Blickwinkel auf die Dinge und die Kraft, das Negative auszuhalten.

Für alle, die mehr Auszeiten, Leidenschaft, Freiheit, Spaß, Umsetzen und Gelassenheit in ihrem Leben wollen, ist dieses Buch genau richtig. Für alle, die bereits lösungsorientiert leben und mit innerer Stärke, Achtsamkeit und Gesundheit bestückt sind, werden zwischen den Zeilen lesen können oder empfehlen gerne das Buch weiter.

Du bekommst hier den Raum für deine Erlebnisse. Darüber hinaus wirst du dort abgeholt, wo du bist und bekommst das, was du gerade brauchst.

Du erschaffst dir deine eigene Realität, lässt dich inspirieren und verlierst NIE den Bezug zu dir selbst. Du kannst alles eins zu eins übernehmen und übersetzt es dann in deine Version, dein Leben, deine eigene Sprache.

Bewusstsein schaffen für dich selbst und die inneren Momente genießen, ist mit diesem Buch voller inspirierender Worte und Übungen in Form eines Poetry Workbooks möglich.

Ich wünsche dir Geduld und Durchhaltevermögen und ganz viel Spaß beim UMSETZEN und WIRKEN.

Umsetzungsstarke Grüße

Kathrin Laborda

PS: Für alle, die genauer hinschauen. Lasst euch bitte nicht von Schreib- oder Kommafehlern ablenken. Auch in den Gedichten wird es grammatikalische Fehlstellungen geben, die volle künstlerische Absicht sind. Umsetzen ist meine Stärke, dazu gehört auch, dass es ausreicht das Buch mehrmals zu lesen und zu prüfen, prüfen zu lassen, es aber nicht so weit zu treiben, dass es aus Perfektionsgründen nicht zur Veröffentlichung kommt.

EINFÜHRUNG

Dies ist mehr als ein Buch voller Poesie. Es ist WACHSTUM.

Du liest, empfindest, nimmst wahr, denkst, erlebst deine eigene Welt. *Du erschaffst hier einen Raum für dich.*

Falls du zu den Menschen gehörst, die eine Struktur suchen: Die Inhalte sind so aufgebaut, dass Umsetzen, Auszeiten schaffen, Kraft tanken, Liebe und die Übungen wiederholt auftreten, um Routinen aufzubauen, da sich dies in der Praxis bewährt hat.

Alle POETRY FIRE™ sind in Emotionen und Erlebnissen aus meiner Welt entstanden. Möglicherweise inspirieren sie dich und helfen dir bei der Verarbeitung von eigenen Themen.

Es gibt immer mal wieder Zeilen, Fragen und Abschnitte, die sich wiederholen. Das ist beabsichtigt und hat den Hintergrund, dass Wiederholungen uns beim Verarbeiten und Vertiefen helfen, leichter zu automatisieren und Routinen zu schaffen, um selbstbestimmter zu leben.

So könntest du das Buch anwenden:
- ✓ Poetry lesen und Eindrücke dokumentieren
- ✓ Themen erkennen, annehmen, heilen, loslassen
- ✓ Schaffe Raum für Neues, sprenge deine Grenzen.
- ✓ Nutze den Moment, gehe direkt in die Umsetzung.

#quickMove

Du wirst öfter einen #quickMove finden. Diese Erläuterungen dienen zur Vertiefung und besserem Verständnis fürs Umsetzen.

Was ist ein POETRY FIRE™ von Kathrin Laborda?

Es ist ein Feuerwerk an Worten, die berühren und Emotionen wecken, ergänzt durch einen aktiven Refrain.

Der Refrain prägt sich leicht ein. Du kannst die Worte in deinen Alltag wiederholend integrieren, was dir möglicherweise im Alltag in schwierigen Situationen Kraft, mehr Mut, Leidenschaft, Gelassenheit, Spaß im Alltag gibt.

IST AUFNAHME

Bevor du mit dem Buch startest, erlebst du deine messbare IST-AUFNAHME. Das unterstützt dich im Wahrnehmen üben, was wiederum dazu führt, dass du achtsamer und gelassener bist.

Die IST-AUFNAHME ist angelehnt an das Lebensrad, was du vermutlich bereits kennst. Ergänzt wird es durch eine persönliche Betrachtung deinerseits – deine Selbsteinschätzung.

Ich möchte hier in diesem Buch alle Möglichkeiten nutzen, damit du das Beste für dich herausholst und DEN HÖCHSTEN NUTZEN FÜR DICH erlebst.

Du kannst ins Buch schreiben oder ein Blatt Papier nutzen:

Los geht's.
1. Folgeseite, Tabelle 1: Beantworte für dich die Frage, was nach deiner Vorstellung jedes Thema bedeutet. Z. B. Gesundheit – krank sein (Spalte 2), aktiver sein und weniger Schmerzen (Spalte 3)
2. Folgeseite: Themenrad ist nur eine bildliche Darstellung, du kannst auch direkt zu 3. gehen. Es sind die gleichen Themen wie in der vorher ausgefüllten Tabelle. Gehe intuitiv vor, nimm die erste Zahl, die kommt. Verbinde die Zahlen, was nimmst du wahr?
3. Folgeseite, Tabelle 2: Trage die IST Zahl zum Thema aus dem Themenrad ein. Hast du 2. übersprungen, dann Wähle eine Zahl zwischen 0 und 10, wie das Thema in aktuell IST ZAHL und wie du es dir wünschst WUNSCH ZAHL
4. Spalte 4, Tabelle 2: Gehe direkt ins Umsetzen, welche Schritte führen dich zur Wunsch Zahl?

0 bedeutet, du lebst das Thema nicht zufriedenstellend, 10 bedeutet alles läuft prima.

Ich selbst verwende das Themenrad alle 6 Monate, um bewusst wahrzunehmen, was sich bereits verändert hat.

Es kann sein, dass sich dein komplettes Leben auf den Kopf stellt und es sich endlich richtig anfühlt.

DATUM: ....

Schreibe deine Antworten themenbezogen in die Spalten.

Thema	Das möchte ich NICHT erleben	Das wünsche ich mir, genau so
GESUNDHEIT		
ZUKUNFT		
UMSETZUNGSSTÄRKE		
PARTNER*		
FAMILIE		
FREUNDE		
FREIZEIT		
JOB/BUSINESS		
FINANZEN/VERMÖGEN		
MINDSET/GEDANKEN		
DANKBARKEIT		
SELBSTLIEBE/SELBSTWERT		

*weiblich, männlich, divers

Wähle intuitiv eine Zahl zwischen 0 und 10. Trage sie auf der Linie themenbezogen ein. Was fällt dir auf, wenn du die Zahlen verbindest? Falls du nicht bildlich erleben möchtest. Dann gehe direkt weiter zur Tabelle.

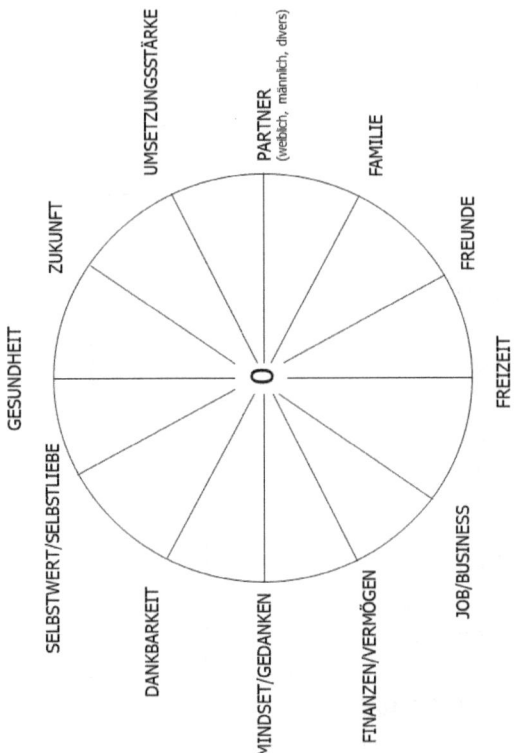

DATUM: ……………..…………..…..

Trage dein IST- und WUNSCHZAHL in Spalte 2 und 3. Wähle eine Zahl zwischen 0 und 10 (0 du lebst die Themen gar nicht, 10 du lebst sie zu 100%)

Thema	IST ZAHL	WUNSCH ZAHL	Das tue ich, um die Wunschzahl zu erreichen/mögliche Schritte
GESUNDHEIT			
ZUKUNFT			
UMSETZUNGSSTÄRKE			
PARTNER*			
FAMILIE			
FREUNDE			
FREIZEIT			
JOB/BUSINESS			
FINANZEN/VERMÖGEN			
MINDSET/GEDANKEN			
DANKBARKEIT			
SELBSTLIEBE7-WERT			

*weiblich, männlich, divers

DU WACHST AUF UND DENKST WARUM

Ständige Ablenkung – Routine und Alltag stehen fest,
fühlst dich glücklich, brauchst nicht den Rest.

Du musst dich verändern und wachsen sagen viele,
das ist neu für dich, findest dich nicht zurecht im Gewühle.
Spürst, du solltest etwas machen,
hattest schon lange nichts mehr zu lachen.

Wie lange willst du noch warten?
Wann willst du endlich starten?

Bisher ist alles ok für dich gewesen.
Warum verändern, für wen oder was, warum so viel lesen?

Du beschwerst dich spürst es täglich,
du versackst im Alltag kläglich.
Du spürst, es nicht direkt im Sein,
er ist schleichend der Stress, der dir stellt ein Bein.

Ich frage dich: Wie lange willst du noch warten?
Wann willst du endlich starten?

Die Ablenkung im Außen hält dich ab.
Der Alltag hält dich ordentlich auf Trab.

Scheinbar glücklich gehst du durch die Welt.
Fühlst dich gar nicht wie ein Held.

Wer bist du, was hast du und wie lebst du heut'.
dir ist wichtiger, was denken und sagen die Leut'.

Unzufriedenheit macht sich breit und zeigt sich in Wut.
Du fragst dich, woher nehmen die anderen den Mut?

Du hast das Gefühl, sie ziehen an dir vorbei
und das ist dir nicht einerlei.
Du vergleichst, bist weiter im Außen,
Du bist ständig am Suchen da draußen.

Wie lange willst du noch warten?
Wann willst du endlich starten?

Erlebe, wer du bist und was du hast.
Spüre, weniger wird deine Last.

Genieße die Energie und auch die Stille,
erlebe, wer du wirklich bist und was ist dein Wille?

Nimm an und lasse los deine Sorgen.

Freue dich auf ein entspanntes Morgen.

Endlich bereit zum Starten.
Ein Ende hat das Warten.
Endlich umsetzen und tun,
auch Energie tanken und ruhn.

Ein Plan muss her, um die Ziele zu überblicken.
Mit Spaß, Disziplin und Motivation
kannst du deine schlechte Stimmung drücken.

Du setzt um, das löst was aus.
Du kommst raus aus deinem Haus.

Bist im Moment und findest dort deinen Sinn.

Fragst nicht mehr nach dem Warum, das ist ein Gewinn.

Jeder Moment ein Augenblick,
in jedem Moment nah deinem Sinn des Lebens,
Schritt für Schritt.

Im TUN bleiben, ist jetzt angesagt.
Denkst selten zurück an deinen Start.

Wiederholen und automatisieren,
Energie geben, Ruhe tanken und immer wieder spüren.
Du bist jetzt bereit, die Lasten sind fern.
Du findest deine Balance, du hast dich selbst gern.

Du atmest, wenn du es brauchst und bleibst in deiner Stärke.
Du weißt, wer du bist, kennst deine Werte.

Du kennst dein Ziel und setzt es um,
machst dir nicht mehr ewig Gedanken drum.

Was kommt alles, in dir hoch. Schreibe oder male es:

Wer bist du **MIT** den Gedanken, Emotionen, Bildern?

Was fühlst, siehst, denkst du? Z.B. Ich fühle mich schlecht. Was bedeutet schlecht?

Wie eine Schwere lastet auf mir. Was macht diese Schwere mit mir? Sie löst in mir

Anhängigkeit aus, das engt mich ein. LIES DIR ALLES DURCH bzw. SCHAU DIR DEIN

BILD AN. Erlebe es.

Wer bist du __OHNE__ die Gedanken, Emotionen, Bildern?

Was fühlst, siehst, denkst du? Z.B. Ich fühle mich gut. Was bedeutet gut? Wie ein Wind, der durch mich weht. Was macht das mit dir? Es macht mich glücklich. LIES DIR ALLES DURCH bzw. SCHAU DIR DEIN BILD AN. Erlebe es.

Nutze die folgenden 5 Schritte für eine direkte Umsetzung.

1. Was möchte ich nicht mehr?

2. Was möchte ich stattdessen?

3. Warum möchte ich 2.? (z.B. ich fühle mich leichter, freier, zufriedener ...) Diese Antworten treiben dich an, leichter umzusetzen und durchzuhalten.

4. Wen oder was brauche ich für die Umsetzung?

5. Wann genau (Datum oder Tag) setze ich um?

#quickMove
Stell' dir vor, dass alles genau JETZT umgesetzt ist. Gedanklich mit den passenden Emotionen und sei dankbar dafür (obwohl es nur in deinem Kopf ist.) Praktiziere dies vor jedem Einschlafen und direkt nach dem Aufwachen. Du stehst auf und gehst schlafen mit dem Gedanken, den Emotionen und der Dankbarkeit, dass es bereits umgesetzt ist und schaffst neue Denkmuster.

EINFACH SEIN

Ich weiß weder ein noch aus,
fühl' mich gefangen wie in einem Haus.
Angst überkommt mich, denke ich an morgen.
Was wird sein? Tiefe Ängste und Sorgen.

Schmerzen, schlechte Laune missachte ich,
ich ignoriere mich.
Ich verliere mein Strahlen, meinen Glanz.
Ich verliere mich voll und ganz.

Der Alltag bremst mich am Unternehmen,
ich lasse mich immer wieder lähmen.
Ohne Stimme lautlos still,
überhöre ich, was mein Inneres wirklich will.

ICH atme tief ein, heb' die Arme in die Luft,
fühl' mich groß und gebe meinem Leben einen Kuss.

Da ist ein Funke, plötzlich in mir, rüttelt mich wach.
Was ist das? Es wird warm und größer jeden Tag.
Ich beobachte gebe dem Funken Raum,
es ist wie in einem wunderschönen Traum.

Etwas spricht in mir und spornt mich an:

‚WEITER SO, BLEIBE DRAN.‘

Wach' auf und lebe dein Leben, genau JETZT und Hier,

öffne dein Herz und stehe zu dir.

ICH atme tief ein, heb' die Arme in die Luft,

fühl' mich groß und gebe meinem Leben einen Kuss.

Ich lasse mich von meinem Herzen lenken,

bin mir am Momente schenken.

Kribbeln hier, kribbeln da, fühlt sich gut an, wunderbar.

Ich sitze da, ohne Musik, ohne jeglichen Ton.

Ich genieße die Ruhe und mich,

bemerke meinen Atem, spüre mich schon.

Ich lebe den Moment, den Tag, mein Sein,

ich glaube an mich, denke positiv und

genieße den Sonnenschein.

Ich nehme auch die Schatten mit,

gehe in meinem Rhythmus, Schritt für Schritt.

ICH atme tief ein, heb' die Arme in die Luft,

fühl' mich groß und gebe meinem Leben einen Kuss.

Annehmen, akzeptieren wie ich bin,

lachen, tanzen, ich setze mich hin.

Ich verzeihe alles Negative und Böse in mir,

all die Wut, die mich werden lässt zu einem Tier.

Ich verzeihe mir, weil ich mich schuldig fühle,

mich oft klein mache und in Problemen wühle.

Ich lebe im Jetzt und hier, hör' auf mein Herz und bin bei mir.

ICH atme tief ein, heb' die Arme in die Luft,

fühl' mich groß und gebe meinem Leben einen Kuss.

Liebe ist da, eine unbändige Kraft,

die mich voranbringt und befreit von jeder Last.

Danke für diesen Moment, das Wunder, mein Sein,

für den Schatten, die Erfahrungen, für den Sonnenschein.

Ich kann nur eine Sache denken,

auf Fülle, Liebe, Spaß meinen Fokus lenken:

TANZEN – LACHEN – EINFACH MACHEN

ICH atme tief ein, heb die Arme in die Luft,

fühl mich groß und gebe meinem Leben einen Kuss.

Im Jetzt sein, hilft mir weniger zu denken,
intensives Atmen und Lachen
werden mir die nötige Kraft schenken.

Ich schaffe Raum für Beobachten statt Interpretieren,
die Welt des anderen respektieren.
Herz statt Schuldgefühle spüren,
einfach sein, statt sinnlos diskutieren.

Im Jetzt LEBEN jeden Moment.

Regelmäßig lachen, atmen und zu mir finden,
annehmen, loslassen und auch mal verschwinden.

Ruhige Momente für mich allein und EINFACH SEIN.

Was kommt alles, in dir hoch. Schreibe oder male es:

Wer bist du __MIT__ den Gedanken, Emotionen, Bildern?

Was fühlst, siehst, denkst du? Z.B. Ich fühle mich schlecht. Was bedeutet schlecht? Wie eine Schwere lastet auf mir. Was macht diese Schwere mit mir? Sie löst in mir Anhängigkeit aus, das engt mich ein. LIES DIR ALLES DURCH bzw. SCHAU DIR DEIN BILD AN. Erlebe es.

Wer bist du <u>OHNE</u> die Gedanken, Emotionen, Bildern?

Was fühlst, siehst, denkst du? Z.B. Ich fühle mich gut. Was bedeutet gut? Wie ein Wind, der durch mich weht. Was macht das mit dir? Es macht mich glücklich. LIES DIR ALLES DURCH bzw. SCHAU DIR DEIN BILD AN. Erlebe es.

Nutze die folgenden 5 Schritte für eine direkte Umsetzung.

1. **Was möchte ich nicht mehr?**

2. **Was möchte ich stattdessen?**

3. **Warum möchte ich 2.?** (z.B. ich fühle mich leichter, freier, zufriedener ...) Diese Antworten treiben dich an, leichter umzusetzen und durchzuhalten.

4. **Wen oder was brauche ich für die Umsetzung?**

5. **Wann genau (Datum oder Tag) setze ich um?**

#quickMove

Stell' dir vor, dass alles genau JETZT umgesetzt ist. Gedanklich mit den passenden Emotionen und sei dankbar dafür (obwohl es nur in deinem Kopf ist.) Praktiziere dies vor jedem Einschlafen und direkt nach dem Aufwachen. Du stehst auf und gehst schlafen mit dem Gedanken, den Emotionen und der Dankbarkeit, dass es bereits umgesetzt ist und schaffst neue Denkmuster.

MEINE WELT – DEINE WELT

Es geht auf und ab,
das hält mich auf Trab.

Es ist mein Leben,
nach oben zu streben.

Dieses Leben - ist es wirklich meins?
Ist es ihres oder seins?

Etwas in mir sagt, die Wut gehört nicht zu mir.
Ich sag dir, es fühlt sich an, als ob ein Tier tobt in mir.

Ich spüre ihn genau, diesen Moment,
ich kann den Prozess nicht stoppen.
Es startet mit Gedanken, die mich überrennen:
‚Du bist nicht genug, aber gut genug dich zu verbrennen.
Opfere dich weiter auf, du brauchst das, um zu überleben.
Alles ist mehr im Geben als im Nehmen.'

Ich möchte doch nur Gutes tun, statt auszuruhn.

Der Schmerz wird groß, ich treffe Menschen,
die es meinen gut mit mir und wollen mir helfen.

Sie sagen: „Halte dich zurück, das tut dir gut".
Es fühlt sich aber nicht so an
und nimmt mir meinen Lebensmut.

Wofür bin ich hier auf dieser Welt?
Wenn nicht, um anderen Gutes zu tun?

Ich bin bis nachts am Ackern und Tun, wo andere ruhn.
Das ist mein Leben, sonst kenne ich nichts.
Es erfüllt mich das Strahlen der anderen zu sehen,
da kann ich nicht wiederstehn.
Ich belade mich, lese wünsche von den Augen ab,
merke nicht, dass es mich macht schlapp.
Egal für ein Strahlen ist es das Wert,
auch wenn innerlich ist gewetzt mein Schwert.

Das Schwert, das mich innerlich zerstört,
das kämpft gegen meinen Wert.
Meinen Wert Freiheit, den ich noch nicht kenne.
Ich traue mich nicht, ihn groß zu machen,
stürze mich in Aufgaben, bevor ich wegrenne.

Kenne ich meine Werte, was könnte ich da erleben?

Würde es was bringen, könnte ich nach Höherem streben?

Ich spreche hier erstmal nicht von Erfolg und Geld,

hier geht es um viel mehr, um meine innere Welt.

Wer bin ich, wer will ich sein?

Wer steht hinter mir, wer stellt mir ein Bein?

Menschen, die mich nicht mögen, warum sind die da?

Zum Wachsen, sie wollen nichts Böses, ich lache hahaha.

Wenn sie nichts Böses wollen, warum fühlt es sich mies an?

Weiß jemand eine Lösung, wie ich weiterkommen kann?

In mir schreit es, nimm dich an,

hab Geduld, es kommt bald das Wann.

#quickMove

Nimm dich an – kein anderer tut es besser als du selbst. Was der andere denkt, sind seine Erlebnisse, Erfahrungen und Emotionen, es ist seine/ihre Sache. Das hat nichts mit dir zu tun.

Dein Satz jeden Tag könnte sein:

Ich bin und bleibe liebenswert, egal was andere sagen oder denken.

Was kommt alles, in dir hoch. Schreibe oder male es:

Wer bist du <u>MIT</u> den Gedanken, Emotionen, Bildern?

Was fühlst, siehst, denkst du? Z.B. Ich fühle mich schlecht. Was bedeutet schlecht?
Wie eine Schwere lastet auf mir. Was macht diese Schwere mit mir? Sie löst in mir
Anhängigkeit aus, das engt mich ein. LIES DIR ALLES DURCH bzw. SCHAU DIR DEIN
BILD AN. Erlebe es.

Wer bist du <u>OHNE</u> die Gedanken, Emotionen, Bildern?

Was fühlst, siehst, denkst du? Z.B. Ich fühle mich gut. Was bedeutet gut? Wie ein Wind, der durch mich weht. Was macht das mit dir? Es macht mich glücklich. LIES DIR ALLES DURCH bzw. SCHAU DIR DEIN BILD AN. Erlebe es.

Nutze die folgenden 5 Schritte für eine direkte Umsetzung.

1. Was möchte ich nicht mehr?

2. Was möchte ich stattdessen?

3. Warum möchte ich 2.? (z.B. ich fühle mich leichter, freier, zufriedener ...) Diese Antworten treiben dich an, leichter umzusetzen und durchzuhalten.

4. Wen oder was brauche ich für die Umsetzung?

5. Wann genau (Datum oder Tag) setze ich um?

#quickMove

Stell' dir vor, dass alles genau JETZT umgesetzt ist. Gedanklich mit den passenden Emotionen und sei dankbar dafür (obwohl es nur in deinem Kopf ist.) Praktiziere dies vor jedem Einschlafen und direkt nach dem Aufwachen. Du stehst auf und gehst schlafen mit dem Gedanken, den Emotionen und der Dankbarkeit, dass es bereits umgesetzt ist und schaffst neue Denkmuster.

ES IST, WIE ES IST – DU BIST, WER DU BIST

Aufstehen und lachen, einfach machen.

Nach oben schauen, aufs Positive bauen.

Schön, wenn es immer so wäre,

wenn da nicht Stress und Alltag kämen in die Quere.

ES IST, WIE ES IST – DU BIST, WER DU BIST.

Lebe im Moment höre ich von vielen.

Wie soll ich es machen,

wenn ich gelähmt bin von meinen Gefühlen?

Ich kann nicht mehr, es ist ein Muss,

mit dem Schreien und müde sein, ist jetzt Schluss.

ES IST, WIE ES IST – DU BIST, WER DU BIST.

Im Stress sagt die Wissenschaft, zeigt sich, wer du bist.

Waaaaas?

Ist es wirklich so, dass Rechtfertigen und Aggression es ist?

Ist es all das, was mich ausmacht?

Wo ist der Mensch, der mit mir lacht.

Ist es möglich, einfach zu sein im Jetzt und Hier?

Glücklich sein mit mir selbst und auch dir?

Ich komme in meine Mitte, gehe langsame Schritte.

Ich weiß, ich bin in Sicherheit und lebe meine Freiheit.

Plötzlich ergibt alles einen Sinn.

Jeder Moment, jeder Augenblick sind ein unendlicher Gewinn.

Ich merke, dass Wut und Rechtfertigung nicht zu mir gehören,

es sind Erlebnisse und Prägungen,

die mein wahres ICH belehren.

Aus allem Schlechten Wachstum sehen

und hinter mir selbst am meisten stehen.

Lernen aus allem, was mir begegnet,

ich wachse daran, liebe es, wenn es regnet.

Im Moment Leben, Jetzt und Hier,

auf mein Herz hören und brennen lassen das Feuer in mir.

Genau das legt mein wahres Ich frei und zeigt, was ich will,

voller Energie, Tatendrang und auch mal still.

Eigene Grenzen sprengen, anderen Grenzen setzen,

ohne Schranken, mich selbst emotional nie mehr verletzen.

ES IST, WIE ES IST – DU BIST, WER DU BIST.

Voller Liebe, Feuer und Energie,

gemeinsam tanzen und lachen, mit Menschen voller Sympathie.

Im Moment Leben, Jetzt und Hier,

auf mein Herz hören und brennen lassen das Feuer in mir.

Was kommt alles, in dir hoch. Schreibe oder male es:

Wer bist du <u>MIT</u> den Gedanken, Emotionen, Bildern?

Was fühlst, siehst, denkst du? Z.B. Ich fühle mich schlecht. Was bedeutet schlecht? Wie eine Schwere lastet auf mir. Was macht diese Schwere mit mir? Sie löst in mir Anhängigkeit aus, das engt mich ein. LIES DIR ALLES DURCH bzw. SCHAU DIR DEIN BILD AN. Erlebe es.

Wer bist du <u>OHNE</u> die Gedanken, Emotionen, Bildern?

Was fühlst, siehst, denkst du? Z.B. Ich fühle mich gut. Was bedeutet gut? Wie ein Wind, der durch mich weht. Was macht das mit dir? Es macht mich glücklich. LIES DIR ALLES DURCH bzw. SCHAU DIR DEIN BILD AN. Erlebe es.

Nutze die folgenden 5 Schritte für eine direkte Umsetzung.

1. Was möchte ich nicht mehr?

2. Was möchte ich stattdessen?

3. Warum möchte ich 2.? (z.B. ich fühle mich leichter, freier, zufriedener ...) Diese Antworten treiben dich an, leichter umzusetzen und durchzuhalten.

4. Wen oder was brauche ich für die Umsetzung?

5. Wann genau (Datum oder Tag) setze ich um?

#quickMove

Stell' dir vor, dass alles genau JETZT umgesetzt ist. Gedanklich mit den passenden Emotionen und sei dankbar dafür (obwohl es nur in deinem Kopf ist.) Praktiziere dies vor jedem Einschlafen und direkt nach dem Aufwachen. Du stehst auf und gehst schlafen mit dem Gedanken, den Emotionen und der Dankbarkeit, dass es bereits umgesetzt ist und schaffst neue Denkmuster.

ES GIBT KEIN HALTEN MEHR

Es ist sehr still und ich genieße es sehr,
denn es war nicht immer so und gibt mir so viel mehr.
Ich dachte immer, die Power würde mich am Leben erhalten,
dabei ist es gerade die Stille, in der ich kann gestalten.
Hier kann ich Impulse wahrnehmen und Ideen entfalten.

Stille und Power – Energie in Balance
Ich erkenne eine neue Chance.

Eine Chance für mein Sein und meine Kraft,
die im Umsetzen ist sehr vorteilhaft.

Ich gönne mir keine Ruhe, es ist nur laut,
so sehr, dass es mich immer wieder umhaut.
Energie bedeutet für mich tanzen und bewegen.
Und dann, wenn ich es spüre,
bewusst wahrnehmen, in Stille sein oder hinlegen.
Feuer und Herz vereine ich,
Stille und Bewegung begleiten mich.
Ich sitze gerade viel und
bekomme den Impuls der Bewegung.
Ich stehe auf und erhalte die Bestätigung.

Meine Zellen erfüllen sich mit Glück,
es ist so schön, zu spüren, es schafft mir einen Überblick.
Die Bewegung gibt mir eine andere Perspektive,
Lösungen, Zufriedenheit sind inklusive.

Hier gibt es eine weitere Möglichkeit, ins Umsetzen zu kommen:

Mal angenommen, du würdest GENAU JETZT deinen Lieblingssong einlegen, wie würde es dir danach gehen? Erlebe es selbst.

✓ Was wäre, wenn es dir danach gut geht, was würdest du mit dieser hochwertigen Energie und guten Laune anfangen? *Antworte hier:*

....

....

....

✓ Wieviel gute Laune und Energie erträgst du?

Lass es uns herausfinden.
- Suche dir deinen Lieblingssong oder einen Song, den du genau jetzt gut findest bzw. brauchst.
- Mit Kopfhörer oder ohne, wähle selbst.
- Bewege dich intuitiv, das heißt, OHNE nachdenken, auf die Musik.

Wie geht es dir nach dem Bewegen? *Schreibe es hier auf:*

....

....

....

Das ist eine Möglichkeit aus deinem Gedankenkarussell auszusteigen, deine Zellen mit Lebensenergie zu füllen sowie gesünder, zufriedener und gelassener zu werden. Nachdem du jetzt Bewegung erlebt hast, gebe ich dir eine weitere Möglichkeit zum Krafttanken und aus dem **Gedankenkarussell auszusteigen bzw. Konzentration** zu finden.

ATMEN

Bauchatmung – mehr Gelassenheit und Entspannung

Hand auf Bauch und Herz legen. Spüre wohin dein Atem geht, Brust oder Bauch? Lenke den Atem in deinen Bauch. Atmung ist hier tiefer und ruhiger. Nimm tiefe Atemzüge, bist du spürst, es reicht. Du kannst dabei auch die Augen schließen.

Nasenatmung – leicht Wissen aufnehmen u. Emotionen erkennen

Beispiel: Einatmen durch das linke Nasenloch, rechtes zu halten. Ausatmen durchs rechte Nasenloch und links zu halten. Mit welchem Nasenloch du startest, spielt keine Rolle.

LÄCHELN

Ziehe 60 Sekunden deine Mundwinkel zu einem Lächeln. Nach ca. 20 Sekunden erfolgt die Ausschüttung von Glückshormonen.

Empfehlung: täglich regelmäßig in Routine einbauen, z.B. immer beim Gang ins Badezimmer/WC.

Wirkung

Du bist gelassener, mutiger, sozial erfolgreicher. Es werden deine Kreativität, Klarheit, Perspektivwechsel und dein bewusstes Wahrnehmen gefördert, was dir ein zufriedenes Gefühl gibt.

Stärkung deines Immunsystems, Verbesserung der Durchblutung und Vorbeugen von Herzkreislaufkrankheiten sind nur einige Auswirkungen von 5 x 60 Sekunden lächeln. Deinem Gehirn ist es egal, ob du künstlich oder echt lachst.

Raus aus dem GEDANKENKARUSSEL

✓ Im JETZT sein: Was kannst du hören, sehen, riechen, schmecken, anfassen? Zähle es auf. In diesen Momenten steckst du NICHT im Gedankenkarussell fest.
✓ Zähle die Schritte oder Sekunden.
✓ Lebe den Moment, jeden EINZELNEN.

RAUS AUS DER EMOTION

Häufig bleiben wir zu lange in einer Emotion, was uns unnötig stresst und den Verstand vernebelt. Wir sagen Dinge, die wir nicht sagen wollen, wiederholen ständig Dinge und kommen nur schwer da heraus. Hierfür gibt es eine einfache Lösung.

SOS – **S**TOPP, **O**BEN, **S**MILE

Du empfindest Traurigkeit, Tränen fließen. Du spürst, es ist genug und sagst dir innerlich: ‚STOPP. Es ist ok, dass ich traurig bin (ANNEHMEN), jetzt höre ich auf.'

Kopf in den Nacken legen und nach OBEN schauen. Es reicht auch aus, mit den Augen nach oben zurollen oder dir ein Bild vorzustellen, wie du nach oben schaust. Ausgelöst durch die nun positive Körperhaltung oder den Gedanken daran, erlebst du, wie deine Tränen langsam stoppen und die Emotion nachlässt. Gedanken werden noch kommen, die Emotionen gehen.

Um dich seitens deines Stresslevels wieder in Balance zu bringen, kommen die Glückshormone zum Einsatz. 60 Sekunden Lächeln, SMILE.

Konzentration – Gehirnhälften verbinden

Wähle eine Übung aus:

Klopfe dir mit der einen Hand auf den Scheitel (Kopf) und gleichzeitig kreist du mit der anderen Hand auf dem Bauch.

Laufe. Möglicherweise kennst du es, wenn du nach einem Spaziergang oder nach dem Joggen ein Thema aus einem anderen Blickwinkel betrachtest? Durch die abwechselnde Bewegung links/rechts oder rechts/links verarbeitest du Themen und verbindest deine beiden Gehirnhälften.

Bleibe so lange in den Übungen, bis du spürst, dass es reicht.

Weiter geht's mit inspirierenden POETRY FIRE™.

ATMEN

Innerer Druck, Müdigkeit und keine Lust,
Enge, innere Unruhe, schlechte Laune und Frust.

**Ich atme ein, heb' meine Arme in die Luft,
ich fühl' mich frei und
gebe dankbar meinem Leben einen Kuss.**

Ich atme scheinbar nicht genug.
Meine Lebenssekunden vergehen wie im Flug.

Was kann ich nur tun,
um im leichter zu fühlen und innerlich zu ruhn?
Wie kann ich Stabilität und Stärke integrieren,
mich gut fühlen, andere inspirieren?

**Ich atme ein, heb' meine Arme in die Luft,
ich fühl mich frei und
gebe dankbar meinem Leben einen Kuss.**

Atmen soll helfen, aber ich atme doch schon.
Ich fühl' mich nicht gut, finde keinen Ton.

Meine Emotionen gehen rauf und runter,
ich fühl mich schlapp statt energievoll und munter.

Gut wirken soll das Atmen sagen sie,
ich würde es gerne umsetzen, aber sag' mir wie?

Atme ein, heb' deine Arme in die Luft,
fühl' dich frei und
gib dankbar deinem Leben einen Kuss.

Wissenschaftler fanden heraus,
dass du durch die Nasenatmung leichter Wissen
aufnimmst und mit Emotionen wahrnehmen gehst voraus.
Unser Atem verändert sich in Entspannung oder Stress,
sei geduldig beim Umsetzen, es ist ein Prozess.

Durch Atmung stellt sich Entspannung ein,
reduziert und erstickt den Stress im Keim.

Hier gibt es was für den Verstand:
Entspannung und Stress kannst du nicht gleichzeitig erleben,
das ist aus der Psychotherapieforschung bekannt.

Ich atme ein, heb' meine Arme in die Luft,
ich fühl mich frei und
gebe dankbar meinem Leben einen Kuss.

Los geht's, den Atem erleben,

Lungenbläschen aktivieren und

meinem Körper mehr Sauerstoff geben.

Fokussierter sein und leichter konzentrieren,

Klarheit, Gelassenheit und innere Stabilität forcieren.

Eine Atemtechnik automatisieren

und täglich mindestens 2 Mal mit 3 Wiederholungen

ritualisieren.

Ich atme ein, heb' meine Arme in die Luft,

ich fühl mich frei und

gebe dankbar meinem Leben einen Kuss.

Was kommt alles, in dir hoch. Schreibe oder male es:

Wer bist du <u>MIT</u> den Gedanken, Emotionen, Bildern?

Was fühlst, siehst, denkst du? Z.B. Ich fühle mich schlecht. Was bedeutet schlecht? Wie eine Schwere lastet auf mir. Was macht diese Schwere mit mir? Sie löst in mir Anhängigkeit aus, das engt mich ein. LIES DIR ALLES DURCH bzw. SCHAU DIR DEIN BILD AN. Erlebe es.

Wer bist du <u>OHNE</u> die Gedanken, Emotionen, Bildern?

Was fühlst, siehst, denkst du? Z.B. Ich fühle mich gut. Was bedeutet gut? Wie ein Wind, der durch mich weht. Was macht das mit dir? Es macht mich glücklich. LIES DIR ALLES DURCH bzw. SCHAU DIR DEIN BILD AN. Erlebe es.

Nutze die folgenden 5 Schritte für eine direkte Umsetzung.

1. **Was möchte ich nicht mehr?**

2. **Was möchte ich stattdessen?**

3. **Warum möchte ich 2.?** (z.B. ich fühle mich leichter, freier, zufriedener ...) Diese Antworten treiben dich an, leichter umzusetzen und durchzuhalten.

4. **Wen oder was brauche ich für die Umsetzung?**

5. **Wann genau (Datum oder Tag) setze ich um?**

#quickMove
Stell' dir vor, dass alles genau JETZT umgesetzt ist. Gedanklich mit den passenden Emotionen und sei dankbar dafür (obwohl es nur in deinem Kopf ist.) Praktiziere dies vor jedem Einschlafen und direkt nach dem Aufwachen. Du stehst auf und gehst schlafen mit dem Gedanken, den Emotionen und der Dankbarkeit, dass es bereits umgesetzt ist und schaffst neue Denkmuster.

ES SIND DIESE MOMENTE

Es sind diese Momente,
in denen ich mich klein und wertlos fühle.

Leere zieht in meinem Körper ein,
und trotzdem schein' ich glücklich zu sein.

Meine innere Stimme sagt mir:
‚Du kannst das, du schaffst genau das.'
Doch etwas macht sich groß und zerrt an mir.
Es ist eine große Last.

Das Schlimmste ist, das Feuer in mir zu fühlen,
keine Zeit mich hinzugeben,
stattdessen in Alltagsproblemen zu wühlen.

Oft bin ich so eingenommen,
von den vielen Aufgaben, ganz benommen.

„Mama, kannst du dies und wofür ist das?"
Wie ein Roboter mache ich alles und
frage mich nicht: ‚Wofür mach' ich das?"

Ich hinterfrage nie, dazu habe ich gar keine Zeit,
bis es dann irgendwann ist soweit.

Ich halte durch und breche fast zusammen,
mein Sein wird klein und zieht von dannen.

Mein Leben ist ein Ziehen und Zerren,
voller Stress, unkontrolliertem Schreien und belehren.

Ich weiß weder ein noch aus,
fühle mich scheinbar glücklich und will da gar nicht raus.

Es ist schon so lange in mir drin,
ich glaube es gehört alles hierhin.

Hierhin, wo es ist in meinem Leben,
voll von Geben und wenig Nehmen.

Ich bin gefangen und doch fühle ich mich nicht so,
rede mir alles schön und bin oft froh.

Ich bemerke nicht, habe mich verloren voll und ganz,
verloren sind mein Strahlen und mein Glanz.

Fall nicht auf, pass' dich an,
mein Verstand zieht mich immer wieder in seinen Bann.
Ich bin schon so weit, dass ich glaube, was ich denke,
mich nicht mehr von meinem Herzen lenke.
Ich habe mich entfernt, weit weg von mir,
doch merke ich es nicht und begegne dir.

Dir, der zu mir steht, egal wie es mir geht.
Dir, an den ich mich anlehnen kann,
wenn ich es brauche dann und wann.
Dir, der mir zuhört
und mich nicht in meinem Redefluss stört.
Dir, der mir Liebe schenkt, mich immer wieder lenkt.
Dir, der mir Orientierung gibt,
hilft meine Werte zu leben
und mich bedingungslos liebt.

Vielleicht bist du auch schon mal
so jemandem begegnet,
dem die Sonne aus dem Herzen lacht, wenn es regnet?
Ich bin überglücklich dich wieder gefunden zu haben,
es ist so viel einfacher an all den Tagen.

Ich liebe dich, mein Herz, mein Sonnenschein.

Du hast mir geholfen,

meine Kompetenzen und Orientierung zu finden,

eine Einheit mit meinen Gedanken zu gründen.

Ein Fundament zu schaffen mit Atmen und Lachen

und dem ins Tun kommen, einfach machen.

Strahlend intuitiv ziehe ich in tiefer Zufriedenheit, ohne was zu

vermissen durch mein Leben,

motiviert mit Energie, in Balance sind Nehmen und Geben.

Ich habe MICH gefunden und

schenke mir die schönsten Momente und Stunden.

Was kommt alles, in dir hoch. Schreibe oder male es:

Wer bist du __MIT__ den Gedanken, Emotionen, Bildern?

Was fühlst, siehst, denkst du? Z.B. Ich fühle mich schlecht. Was bedeutet schlecht? Wie eine Schwere lastet auf mir. Was macht diese Schwere mit mir? Sie löst in mir Anhängigkeit aus, das engt mich ein. LIES DIR ALLES DURCH bzw. SCHAU DIR DEIN BILD AN. Erlebe es.

Wer bist du <u>OHNE</u> die Gedanken, Emotionen, Bildern?

Was fühlst, siehst, denkst du? Z.B. Ich fühle mich gut. Was bedeutet gut? Wie ein Wind, der durch mich weht. Was macht das mit dir? Es macht mich glücklich. LIES DIR ALLES DURCH bzw. SCHAU DIR DEIN BILD AN. Erlebe es.

Nutze die folgenden 5 Schritte für eine direkte Umsetzung.

1. Was möchte ich nicht mehr?

2. Was möchte ich stattdessen?

3. Warum möchte ich 2.? (z.B. ich fühle mich leichter, freier, zufriedener ...) Diese Antworten treiben dich an, leichter umzusetzen und durchzuhalten.

4. Wen oder was brauche ich für die Umsetzung?

5. Wann genau (Datum oder Tag) setze ich um?

#quickMove

Stell' dir vor, dass alles genau JETZT umgesetzt ist. Gedanklich mit den passenden Emotionen und sei dankbar dafür (obwohl es nur in deinem Kopf ist.) Praktiziere dies vor jedem Einschlafen und direkt nach dem Aufwachen. Du stehst auf und gehst schlafen mit dem Gedanken, den Emotionen und der Dankbarkeit, dass es bereits umgesetzt ist und schaffst neue Denkmuster.

GLÜCKLICH TANZEND

Es gibt kein Halten mehr,
ich wippe hin und her.

Mein Körper startet mit dem Po.
Oh, ich bin gerade so froh.

Dann die Füße hin und her,
alles weicht von mir, nichts ist mehr schwer.

Die Zellen werden geschüttelt und
wieder an den richtigen Platz gerüttelt.

Dieser Beat, er dringt in mich ein,
meine Gedanken fließen, Platz ist für den Sonnenschein.

Hier ist eine weitere Möglichkeit mit deinen Gedanken, Bildern und Emotionen umzugehen: Wir nutzen jetzt wieder die Skala, die du bereits aus der IST-Aufnahme kennst.

Nutze die Skala von 0-10. Nenne eine Zahl zwischen 0 und 10, die die Worte aus dem letzten POETRY FIRE™ beschreibt

(10 bedeutet, dir geht es richtig gut und 0 bedeutet, total mies)

Notiere die Zahl hier ....

Was wäre, wenn du jetzt deinen Lieblingssong einlegst und dich dazu bewegst, die Melodie spürst? Erlebe es selbst. JETZT.

Nach dem Bewegen, nutze die Skala von 0-10 erneut. Nenne eine Zahl zwischen 0 und 10, die dein aktuelles Befinden nach dem Tanzen bzw. Bewegen beschreibt.

(10 bedeutet, dir geht es richtig gut und 0 bedeutet, total mies)

Notiere die Zahl hier: .....

Diese Zahl ist höher als vor der Tanzeinlage/Bewegung, richtig? Falls nicht, dreh nochmal richtig auf und bewege dich auf deinen Song, beame dich in eine andere Welt und gib dir erneut eine Zahl. Alternativ kannst du zum Runterfahren auf folgendes tun: Augen schließen, Atem wahrnehmen.

Was machst du mit der Erkenntnis, dass eine Auszeit mit Bewegung und Musik deine Stimmung positiv verändert?

LACHEN

Zeigt euch da draußen, wo seid ihr, die wirklich gerne lachen,

sich gerne wohlfühlen und Späße machen?

Bist du irgendwo da draußen?

Melde dich bei mir, es ist oft trostlos hier.

Lass' uns heute Menschen anlachen,

einfach noch mehr Spaß jeden Tag machen.

Einige werden sich freuen,

die anderen werden sich scheuen.

Wie viele Menschen lachst du heute an?

Besonders die, die grimmig schauen, bleibe dran.

Wie viele Menschen hast du heute angelacht

und was hat es mir dir selbst gemacht?

Eine weitere Fragestellungsmöglichkeit:

Stell' dir vor, du würdest mehr lachen. Wie geht es dir mit diesem Gedanken?

Auf Seite 53 findest du die Wirkung von Lachen.

Was machst du mit diesen Erkenntnissen?

ICH LAUFE UND RENNE

Ich laufe, ich renne und seh' den Wald vor Bäumen nicht.
Ich gehe mit mir selbst hart ins Gericht.

Mein Herz schreit: „Halt endlich an!"
Es gibt mir immer wieder Zeichen,
dass ich nicht mehr kann.
Dass es nicht mehr so weiter geht, dieses Rennen und Hetzen,
immer wieder kämpfen und mich innerlich selbst verletzen.

Mein Körper gibt mir immer wieder Schmerzen.
Ich kann nicht mehr, wann ist es endlich soweit?
Ich suche und finde nicht, kein Lichtblick weit und breit.
Mein Herz schreit: „Bleib' endlich stehn,
versuche im Moment zu gehn."

Hilflos und stark, zerrissen und verbunden, neblig und klar,
es ist wie ein Zauber und dann wieder alles wahr.
Es ist das Leben ein Auf und Ab, ein Hoch und Tief.
Hörtest du nicht wie deine Stimme immer wieder rief?

Sie leitet dich, weist dir deinen Weg.
Es ist wie ein großes Meer an Möglichkeiten
und du stehst auf dem Steg.

Dieser Anblick vor mir ein Genuss,
doch dann ist wieder Schluss.

Ich spüre mich haltlos und klein.
Ich sehe das Meer voller Möglichkeiten vor mir,
ich fang an zu wein'.
Was verdammt soll ich denn noch alles tun,
ich weiß nicht wie es geht, sich ausruhn.
Ich habe immer gelernt, stark zu sein
und zu schaffen alles allein.

Was nützt mir der Anblick der Möglichkeiten,
wenn ich sie nicht begreifen kann.
„Fang an zu verstehen, dich anzunehmen,
nimm dir Zeit – erst dann ...
Erst, wenn du bewusst vertraust,
erst dann, wenn du nicht mehr die Wut anstaust.
Erst, wenn du anfängst zu begreifen, dann wird es leicht, annehmen, verstehen, loslassen, dein Chance ergreifen.“

„Fang' an, DEINEN Rhythmus zu finden
und ab und zu aus dem Alltagsstress zu verschwinden.“

„BUM BUM, BUM BUM, hörst du mich?
BUM BUM, BUM BUM, ich bin da für dich.“
„Ich bin dir treu, hab keine Scheu.

Vertraue mir, hab vertrauen in dir.
BUM BUM, BUM BUM halt` dich fest,
ich erzähl dir auch noch den Rest."

„Wir werden tanzen, singen, lachen
und ganz zauberhafte Dinge machen.
Du wirst es lieben, kennst es schon,
lang ist es her, hör` diesen Ton."

„BUM BUM, BUM BUM, her mit deinen Träumen,
BUM BUM, BUM BUM, lass uns den Alltagsstress wegräumen.
Es gibt einen Schlüssel zu all der Plag,
ist nur die Frage, wer es hören mag."

„Ich weiß, ich bin bereit.
Immer werde ich dich daran erinnern.
Hör` auf mich, ich weiß, es ist nicht leicht.
Hast es verlernt und ich spüre es reicht."

„BUM BUM, BUM BUM, schlage den Rhythmus und fühle mich,
ich bin für dich da, ich liebe Dich.
Du bist mein Ein und Alles, versau` es nicht.
Ich fühle es auch, traue dich."

„Geh' da raus, atme, lache, lebe im Moment.
JETZT und JETZT und JETZT!

Hab' Spaß, hör auf mich BUM BUM, BUM BUM.
Egal, was andere sagen, kümmere dich nicht drum."
„Verbinde mich mit deinem Verstand.
Gemeinsam sind wir stark, wir arbeiten Hand in Hand."

Impulse hier und da,
wie ein Stromschlag, ich war mir nie so nah.

Kein Suchen mehr und ich springe rein,
ins Meer voller Möglichkeiten, in mein Sein.

Ja mein Herz, ich spüre dich.
Ich bin verletzbar, fühle mich frei,
tiefe Zufriedenheit erfüllt mich.

Was kommt alles, in dir hoch. Schreibe oder male es:

Wer bist du <u>MIT</u> den Gedanken, Emotionen, Bildern?

Was fühlst, siehst, denkst du? Z.B. Ich fühle mich schlecht. Was bedeutet schlecht? Wie eine Schwere lastet auf mir. Was macht diese Schwere mit mir? Sie löst in mir Anhängigkeit aus, das engt mich ein. LIES DIR ALLES DURCH bzw. SCHAU DIR DEIN BILD AN. Erlebe es.

Wer bist du <u>OHNE</u> die Gedanken, Emotionen, Bildern?

Was fühlst, siehst, denkst du? Z.B. Ich fühle mich gut. Was bedeutet gut? Wie ein Wind, der durch mich weht. Was macht das mit dir? Es macht mich glücklich. LIES DIR ALLES DURCH bzw. SCHAU DIR DEIN BILD AN. Erlebe es.

Nutze die folgenden 5 Schritte für eine direkte Umsetzung.

1. Was möchte ich nicht mehr?

2. Was möchte ich stattdessen?

3. Warum möchte ich 2.? (z.B. ich fühle mich leichter, freier, zufriedener ...) Diese Antworten treiben dich an, leichter umzusetzen und durchzuhalten.

4. Wen oder was brauche ich für die Umsetzung?

5. Wann genau (Datum oder Tag) setze ich um?

#quickMove

Stell' dir vor, dass alles genau JETZT umgesetzt ist. Gedanklich mit den passenden Emotionen und sei dankbar dafür (obwohl es nur in deinem Kopf ist.) Praktiziere dies vor jedem Einschlafen und direkt nach dem Aufwachen. Du stehst auf und gehst schlafen mit dem Gedanken, den Emotionen und der Dankbarkeit, dass es bereits umgesetzt ist und schaffst neue Denkmuster.

ZEROMONIE EINER HOCHZEIT - EHEGELÖBNIS

Deutsch
Erfahrung lehrt uns, dass die Liebe nicht darin besteht, dass man einander ansieht, sondern, dass man in die gleiche Richtung blickt.

Antoine de Saint Exupery

Französisch
Aimer, ce n'est pas se regarder l'un l'autre, c'est regarder ensemble dans la même direction.

Antoine de Saint Exupery

Eine reale Trauung, Juni 2017

Mann: Im Beisein der Menschen, die uns wichtig sind, möchte ich heute JA sagen. Ja sagen, zu dem wundervollen Leben, das vor uns liegt.

Frau: Ich sage JA zu Dir, als Ehemann und bester Freund.

Mann: Unser Ja ist ein Ja, kein Möglicherweise, kein unter Umständen, kein Probeweise.

Frau: Unser Ja ist ein Ja zu uns, wie wir sind und wie wir werden können! Heute werden wir uns nichts versprechen, denn Versprechen könnten wir brechen.

Mann: Wir werden es einfach tun, füreinander da sein mit Liebe, Respekt, Ehrlichkeit und atemberaubende Momente erleben.

Frau: Lieben ist wie das Leben selbst, kein bequemer und ruhiger Zustand, sondern ein großes und wunderbares Abenteuer. Lieben heißt zum anderen sagen, du wirst es schaffen.

Mann: Ich freue mich auf die Momente, wo wir losgelöst von allem sind und einfach lachen und leben.

Frau: Ich werde für Dich stark sein, wenn Du keine Kraft besitzt und für Dich da sein, auch wenn Du nicht nach Hilfe fragst.

Mann: Ich werde dich trösten, wenn Du traurig bist und für Dich kämpfen, wenn Dir Unrecht widerfährt.

Frau: Ich liebe deinen liebevollen Gesichtsausdruck, weil du mich damit immer wieder in deinen Bann ziehst.

Mann: Ich liebe dich dafür, dass du zeitlos bist und wir selten pünktlich sind, aber dafür entspannt das Haus verlassen.

Frau: Ich liebe dich dafür, dass du selten direkt antwortest und Zeit brauchst, um deine Gedanken zu sammeln.

Mann: Ich liebe dein Lächeln und deine lachenden Augen, weil ich dann alles um mich herum vergesse, wenn du mich anstrahlst.

Frau: Ich liebe diesen Moment, wenn ich sauer auf dich bin, dich ansehe und DENKE, wow, was für ein sexy Mann, genau richtig, was dazu führt, dass ich schneller entspannt bin.

Mann: Ich liebe dich dafür, dass du immer weißt, wie du mich aufmuntern kannst.

Frau: Ich liebe es, wenn meine Sachen nach dir und deinem Parfüm riechen, es ist so vertraut und macht ganz viel mit mir.

Mann: Je t'aime.

Frau: Ich liebe dich.

INTERAKTIVE TRAUREDE

Jana und Michael

SCHLOSS FREUDENBERG,
heute ist hier die Liebe eingekehrt.

Liebe, Wärme und liebevolle Worte.
Heute stehen wir hier, an diesem schönen Orte.
Jana und Michael, ihr seid von der besonderen Sorte.

Refrain – alle machen mit

Arme nach oben – wir feiern euch laut.
(alle Hand aufs Herz und Küsse mit der Hand senden)
Senden ganz viel Liebe *(Hand aufs Herz)* und Küsse (*mit der
Hand senden)* Michael dem Bräutigam und Jana der Braut.

Michael - liebenswert, sensibel und genau,
willst heiraten Jana, diese wundervolle Frau.
Spontan, offen für Neues geht sie voran – humorvoll, impulsiv
packt sie das Leben an.
Euer Kennenlernen echt verrückt,
in einer WG seid ihr euch näher gekommen Stück für Stück.
Die Geburt von Lilly war wie ein Wunder,
ein Kind mit viel Elan und Zunder.

Wie ein Wirbelwind

hält sie alle auf Trab und ist ein Schatz,

sie bekommt viel Liebe von allen Seiten

und öfter einen dicken Schmatz.

Ein weiteres Kind ist unterwegs

und wird in voller Liebe erwartet,

so dass ihr bald zu viert als große Familie mit Spaß

und Liebe durchstartet.

Michael du bist in deiner ganzen Art Janas Held.

Jana, deine bessere Hälfte und die beste Schwester auf der

ganzen Welt.

Ein Freund ist jemand, der dich mag,

obwohl er dich kennt,

für eine Ehe ist dieses Gefühl ein wunderbares Fundament.

In eurem Haus ihr jetzt gemeinsam wohnt,

ihr freut euch drauf und

werdet mit schönen Momenten belohnt.

Refrain – alle machen mit

Arme nach oben – wir feiern euch laut.

(alle Hand aufs Herz und Küsse mit der Hand senden)

Senden ganz viel Liebe *(Hand aufs Herz)* und Küsse (*mit der
Hand senden)* Michael dem Bräutigam und Jana der Braut.

Wenn ihr merkt, dass der Schuh euch drückt,

dann atmet ihr tief durch, haltet zusammen und lasst euch von

anderen nicht machen verrückt.

Die Liebe ist wie ein Tee Regal:

HEISSE LIEBE, SWEET KISS, PURE LUST

ich ergänze UMARMUNGEN, VIEL SPASS, ALLES OHNE FRUST.

Die Liebe von der ich spreche hier,

macht aus Menschen wie euch ein WIR.

Es gibt kein Gegenteil, keine Polarität,

für die Liebe ist es nie zu spät.

Sie steht über allem, es ist ein Geben ohne Erwarten,

jeder trägt sie tief in sich

und kann mit ihr ein Leben direkt starten.

Liebt, lebt und lacht, freut euch einander,

wenn ihr jeden Morgen aufwacht.

Wir wünschen euch von Herzen alles Liebe und viel Glück,

ganz viel Kraft, Gesundheit und Geduld

für jeden einzelnen Schritt.

Refrain – alle machen mit

Arme nach oben – wir feiern euch laut.

(alle Hand aufs Herz und Küsse mit der Hand senden)

Senden ganz viel Liebe *(Hand aufs Herz)* und Küsse (*mit der Hand senden)* Michael dem Bräutigam und Jana der Braut.

Wie ging es dir selbst beim Lesen der Worte?

Schreibe es hier gerne auf:

Ähnlich emotional berührt, könnten sich deine Familie und Gäste auf deiner Hochzeit fühlen.

INDIVIDUELL & EINZIGARTIG

Taufe, Geburt, Traurede, Ehegelöbnis, Geburtstag

Ein Moment, der in Erinnerung bleibt.

Ich bin da, wenn dir die Worte fehlen.

Ich schreibe für dich oder inspiriere dich selbst zu schreiben.

Melde dich gerne.

LERNEN, LERNEN

Lernen, lernen immer zu, das lässt mir keine Ruh'.

Der Druck ist groß,
Stress von allen Seiten, was ist da nur los?

Hab' das Gefühl das Leben zieht an mir vorbei,
ich möchte mich treiben lassen,
Spaß haben und mich fühlen frei.

Ich frage mich, ob und wie das geht.
Ich schaue im Internet nach, wo das steht.
Unter Druck lernt es sich besser, was lese ich da?
Zucker für die Nerven – achso ist das, aha.

Durch Musik soll man leichter lernen,
für mich ist es aber eher Ablenkung
und ich würde mich gedanklich entfernen.

Durch Entspannung soll die Prüfungsangst sinken
und dann steht da noch was über Lerntypen.
Ich bin mich am Ausklinken.
Ich finde so viel und fang' an, alles auszuprobieren.

Ich bin verwirrter als zuvor.

keiner hat für mich ein Ohr.

Fremdbestimmt, wie ein Fähnchen im Wind.

Ich dachte, das Leben wäre einfach,

würde Spaß machen wie ein Spiel?

Bisher habe ich mich vom Außen treiben lassen, bin so durchs
Leben gezogen. Ich kann es rückblickend selbst kaum fassen.

Wen interessiert, was ich wirklich will,

um mich herum wird es plötzlich ganz still.

Ich fange an mich zu spüren,

lese, höre zwischen den Zeilen und kann fühlen.

Fühlen, was ich brauche und möchte,

ich setze mich erneut ans Internet,

frage, was lernen brächte.

Mit einem Unterschied: Ich spüre mich und

ab jetzt lasse ich mich nicht mehr im Stich.

Ich finde heraus, was gut für mich ist

und weiß, dass du für mich da bist.

Du mein Begleiter, Lehrer, der mir gibt den Raum,

damit ich wachsen kann in meinem eigenen Rhythmus und

leben kann MEINEN Traum.

Es ist nicht einfach, dennoch klar,
ein Weg fühlt sich gut an – einfach wunderbar.

Statt stumpfes Lernen jeden Tag,
darf ich nun wachsen mit viel Spaß und
hab' einen roten Faden ganz ohne Plag.
Bin ich auf der Suche, kann ich es finden,
ich brauche mich nur überwinden.

Kann Menschen fragen und recherchieren,
ich fühle, was ich will. Schluss mit dem Gedanken
mich klein zu fühlen und zu blamieren.
Habe ich eine Blockade in der Prüfung,
atme ich mehrmals tief ein und aus,
solange bis mein Wissen hat wieder freien Lauf.

Habe ich Angst, frage ich mich, wer ich mit und ohne Angst bin,
ich schaue einfach mal genauer hin.
Die Angst, sie wird kleiner,
je mehr Aufmerksamkeit ich ihr schenke,
das ist genial wie selbstbestimmt ich mein Leben lenke.

Frei fühlen und meine eigenen Erfahrungen machen,
mich inspirieren lassen, auf mein Herz hören und wieder lachen.

Was kommt alles, in dir hoch. Schreibe oder male es:

Wer bist du __MIT__ den Gedanken, Emotionen, Bildern?

Was fühlst, siehst, denkst du? Z.B. Ich fühle mich schlecht. Was bedeutet schlecht?

Wie eine Schwere lastet auf mir. Was macht diese Schwere mit mir? Sie löst in mir

Anhängigkeit aus, das engt mich ein. LIES DIR ALLES DURCH bzw. SCHAU DIR DEIN

BILD AN. Erlebe es.

Wer bist du <u>OHNE</u> die Gedanken, Emotionen, Bildern?

Was fühlst, siehst, denkst du? Z.B. Ich fühle mich gut. Was bedeutet gut? Wie ein Wind, der durch mich weht. Was macht das mit dir? Es macht mich glücklich. LIES DIR ALLES DURCH bzw. SCHAU DIR DEIN BILD AN. Erlebe es.

Nutze die folgenden 5 Schritte für eine direkte Umsetzung.

1. **Was möchte ich nicht mehr?**

2. **Was möchte ich stattdessen?**

3. **Warum möchte ich 2.?** (z.B. ich fühle mich leichter, freier, zufriedener ...) Diese Antworten treiben dich an, leichter umzusetzen und durchzuhalten.

4. **Wen oder was brauche ich für die Umsetzung?**

5. **Wann genau (Datum oder Tag) setze ich um?**

#quickMove

Stell' dir vor, dass alles genau JETZT umgesetzt ist. Gedanklich mit den passenden Emotionen und sei dankbar dafür (obwohl es nur in deinem Kopf ist.) Praktiziere dies vor jedem Einschlafen und direkt nach dem Aufwachen. Du stehst auf und gehst schlafen mit dem Gedanken, den Emotionen und der Dankbarkeit, dass es bereits umgesetzt ist und schaffst neue Denkmuster.

HALTE DURCH

Den Boden unter den Füßen verloren,
haltlos, dem Untergang nah.
Ich ziehe mich zurück,
füge mich meinem Umfeld und mache mich rar.

Ich lüge mich an und lebe in einer hektischen Welt.
Ich schaue zu, wie mein Inneres zusammenfällt.
Ich tappe immer wieder in die gleiche Falle rein,
aus ganz groß wird ganz klein.

Das kannst du noch nicht. Dafür bist du zu klein.
Das schaffst du nicht. Das musst doch nicht sein.
Sei nicht so laut. Hör' auf zu schrein.
Red' nicht so viel. Lass' das endlich sein.

Fall' nicht auf. Pass' dich an.
Du machst das falsch. Schau dir die anderen an.
Das verstehst du noch nicht. Du bist noch nicht dran.
Hör' auf zu reden. Das hört sich keiner an.

Halte durch, erst wird es schwer.
Halte durch, es lohnt sich sehr.
Halte durch, löse dich von Schuld.
Halte durch, hab' Geduld.

Vergleichen, rechtfertigen und schuldig fühlen,
nächtelang Tränen, in Problemen wühlen.

Es wird immer wichtiger, was andere über mich denken.
Ich passe mich an, lasse meine Gedanken lenken.
Vieles wird mir abgenommen, wenn ich habe etwas begonnen.
Bedürftig sein, kann ich es heute nennen.
Ich konnte mich lange nicht davon trennen.

Der Zweifel frisst mich auf, unter mir bricht alles zusammen.
Ich falle und niemand hilft mir auf.

Ich tappe immer wieder in die gleiche Falle rein,
aus ganz groß wird ganz klein,
aus ganz groß wird ganz klein.

Halte durch, erst wird es schwer.
Halte durch, es lohnt sich sehr.
Halte durch, löse dich von Schuld.
Halte durch, hab' Geduld.

Es wird Zeit, dass ich ein neues Umfeld gewinne.
Ich erkenne mich kaum wieder, denke ich spinne.
Ich erkenne, ich bin wirklich, so richtig echt,
wertvoll, mit Herz und ich habe ein Recht.

Ein Recht darauf, ICH zu sein,
mit Schatten und mit Sonnenschein.

Ich schaffe das. Ich glaub' an mich.
Ich nehm' mich an. Ich lass' mich nicht im Stich.
Ich sprenge meine Grenzen und erlebe mich groß,
nehme mich an, ich lasse los.

Ich spüre mein Herz – BUM BUM immer zu.
Ich packe es an, finde innere Ruh'.
Ich packe es an, finde innere Ruh'.

Halte durch, erst wird es schwer.
Halte durch, es lohnt sich sehr.
Halte durch, löse dich von Schuld.
Halte durch, hab' Geduld.

Mit viel Geduld und Zeit ist es dann endlich soweit.
Ich fange an mir den Raum zu geben,
um all meine Träume zu leben.

Ich beginne, an mich zu glauben,
statt mir den letzten Nerv zu rauben.

Halte durch, erst wird es schwer.

Halte durch, es lohnt sich sehr.

Halte durch, löse dich von Schuld.

Halte durch, hab' Geduld.

Ich spüre mein Herz – BUM BUM immer zu.

Ich packe es an, finde innere Ruh'.

Ich packe es an, finde innere Ruh'.

Eine weitere Möglichkeit zu reflektieren bzw. zu verarbeiten:

Schließe deine Augen und spüre, was kommt. Nimm alles wahr und entscheide, wonach dir ist. Kommen negative Dinge, dann nimm sie an und direkt im Anschluss stellst du dir vor, wie du dir die Situation, Emotion, ... gewünscht hättest, in Gedanken, mit Emotionen. Spüre rein, wie es dir nun geht.

3JÄHRIGER FRAUEN BUSINESS LUNCH

Morgens aufstehen und lachen, einfach machen.

Immer optimistisch denken und
alles in die passende Richtung lenken.
Schön, wenn es immer so wäre, wenn da nicht
Termindruck und Stress kämen in die Quere.

Um leichter im Hier und Jetzt zu sein,
steige mit dem POETRY FIRE™ ein:

**Ich atme tief ein und
heb' dabei meine Arme in die Luft.
Ich fühl' mich besser
und gebe meinem Leben einen Kuss.**

2016 haben zwei wundervolle Frauen,
genau aus diesem Grund,
den Business Lunch ins Leben gerufen
und viele Frauen tun es mittlerweile kund.

Es ist ein wunderbares Konzept,
was das Interesse vieler Unternehmerinnen weckt.

Sie nehmen sich die 3 Stunden einmal im Monat Zeit,
egal woher sie kommen, von nah oder weit.

Schnell noch 'nen Parkplatz gefunden
oder sind es die letzten Gedanken an einen Kunden?

Während du möglicherweise gerade am Ankommen bist
und deinen ganzen Alltagsstress vergisst,
kann ich dir sagen, siehst du heute wunderbare Schätze.
Wir wiederholen den POETRY FIRE™ – jetzt,
es sind wohltuenden Sätze:

**Ich atme tief ein und
heb' dabei meine Arme in die Luft.
Ich fühl' mich besser
und gebe meinem Leben einen Kuss.**

3 Jahre können wir den Business Lunch
jetzt schon in erleben,
uns vernetzen, unterstützen und mit einem anderen Blickwinkel
unser Business nach vorn bewegen.

Denkanstöße, strahlende Gesichter, Inspirationen,
Netzwerken, leckeres Essen, Unternehmenspräsentationen.

Oft, da sind wir inspiriert,
wir merken es, weil unser Herz vibriert.

Wir finden hier Menschen,
die wir glauben bereits ewig zu kennen,
können gemeinsame Wege gehen
und wundervolle Frauen unsere Freundinnen nennen.

Wir helfen uns jederzeit, Hand in Hand,
jede tut, was sie gut kann,
energievoll, gelassen und tolerant.

Um leichter im Hier und Jetzt zu sein,
steige erneut mit dem POETRY FIRE™ ein:

Ich atme tief ein und
heb' dabei meine Arme in die Luft.
Ich fühl' mich besser
und gebe meinem Leben einen Kuss.

Eine weitere Möglichkeit, ins Wahrnehmen zu kommen:
Wie geht es dir aktuell, wenn du an Arbeit, Job, Business denkst?
Was kommt alles, in dir hoch. **Schreibe oder male es:**

Wer bist du __MIT__ den Gedanken, Emotionen, Bildern?

Was fühlst, siehst, denkst du? Z.B. Ich fühle mich schlecht. Was bedeutet schlecht? Wie eine Schwere lastet auf mir. Was macht diese Schwere mit mir? Sie löst in mir Anhängigkeit aus, das engt mich ein. LIES DIR ALLES DURCH bzw. SCHAU DIR DEIN BILD AN. Erlebe es.

Wer bist du <u>OHNE</u> die Gedanken, Emotionen, Bildern?

Was fühlst, siehst, denkst du? Z.B. Ich fühle mich gut. Was bedeutet gut? Wie ein Wind, der durch mich weht. Was macht das mit dir? Es macht mich glücklich. LIES DIR ALLES DURCH bzw. SCHAU DIR DEIN BILD AN. Erlebe es.

Nutze die folgenden 5 Schritte für eine direkte Umsetzung.

1. **Was möchte ich nicht mehr?**

2. **Was möchte ich stattdessen?**

3. **Warum möchte ich 2.?** (z.B. ich fühle mich leichter, freier, zufriedener ...) Diese Antworten treiben dich an, leichter umzusetzen und durchzuhalten.

4. **Wen oder was brauche ich für die Umsetzung?**

5. **Wann genau (Datum oder Tag) setze ich um?**

#quickMove

Stell' dir vor, dass alles genau JETZT umgesetzt ist. Gedanklich mit den passenden Emotionen und sei dankbar dafür (obwohl es nur in deinem Kopf ist.) Praktiziere dies vor jedem Einschlafen und direkt nach dem Aufwachen. Du stehst auf und gehst schlafen mit dem Gedanken, den Emotionen und der Dankbarkeit, dass es bereits umgesetzt ist und schaffst neue Denkmuster.

Wusstest du ...?

Östliche Heilweisen gehen davon aus, dass negative Emotionen und Krankheiten durch ein Ungleichgewicht im Energiesystem verursacht werden. Die folgenden Übungen helfen dir, Alltagsstress abzubauen, deine Mitte zu finden und deine Energie wieder frei fließen zu lassen.

Häufige Frage

"Ich bin doch kein Arzt. Kann ich mich wirklich selbst behandeln?" Falls du dich das ebenfalls fragst, möchte ich dich hiermit bestärken: *„Du kannst NICHTS falsch machen! Du atmest danach freier, stärkst dein Immunsystem und fühlst dich gut."*

Wie hört sich das für dich an?

Wirkung

Durch sanftes Klopfen oder Massieren der Meridianpunkte (wird später noch erläutert) kannst du ganz allein deine Spannung lösen und dich von Beschwerden befreien. Deine Position bei der Übung spielt keine Rolle.

Dauer

Integriere es in deinen Alltag und automatisiere durch Wiederholungen. Dein Körper kennt dann das Klopfen oder Massieren und setzt du es z.B. im Stressfall ein, tritt die Wirkung sofort ein.

Klopfe oder massiere zu einer Zeit, wo du typischerweise etwas anderes tust, z. B. beim Aufstehen oder ins Bett gehen, bei jedem Toilettengang, vor oder nach dem Essen.

Wo klopfst oder massierst du künftig?

Spüre was dir gut tut. Erlebe die grandiose Wirkung.

ALLES IM FLUSS

Im Hörbuch live als Rap :-).

Mal angenommen ein Ungleichgewicht in deinem Energiesystem
verursacht negative Emotionen sowie Krankheiten und du
könntest selbstständig ein Gleichgewicht bereiten.

So frage ich dich, was denkst du über die Zeilen,
findest du es unglaubwürdig
oder würdest es am liebsten mit der ganzen Welt teilen?

Ich klopfe mich gern und bringe alles in den Fluss,
ich fühl' mich frei und gebe dankbar
meinem Leben einen Kuss.

Erlebe das Fließen selbst in dir, damit du verstehst das WOFÜR.
Die Übungen helfen dir, deine Mitte zu finden
und Alltagsstress abzubauen,
deine Energie wieder frei fließen zu lassen sowie
dir selbst zu vertrauen.

Ich klopfe mich gern und bringe alles in den Fluss,
ich fühl' mich frei und gebe dankbar
meinem Leben einen Kuss.

Durch sensorische Stimulation kannst du Freisetzung erleben,
Endorphine und Neurotransmitter wirken
Stressreaktionen bekanntlich entgegen.

Es wird Entspannung maximiert,
durch Klopfen auf die Haut wird Stress reduziert.
Entspannung und Stress kann man nicht gleichzeitig erleben,
sagt die Psychotherapieforschung,
es kann nur eines von beiden geben.

**Ich klopfe mich gern und bringe alles in den Fluss,
ich fühl' mich frei und gebe dankbar
meinem Leben einen Kuss.**

Es gibt verschiedene Varianten,
such' dir eine aus, fühl' dich wie tausende von Diamanten.

Als Symbol der Reinheit, klaren Gedanken und
der Treue zu uns selbst weichen alle Schranken.

Zusätzlich stärkt der Diamant auch
Eigenschaften wie Einsicht und Lernfähigkeit.
Das Streben des Diamanten nach Reinheit
wirkt sich möglicherweise auf deine Umgebung aus,
mit Gelassenheit.

Deine Körperenergie bringst du durchs Klopfen
täglich in den Fluss,
mit Stress und Antriebslosigkeit ist dann endlich Schluss.
Du fängst an Freiheit, Leichtigkeit und Gelassenheit zu fühlen,
das werden auch Menschen im Außen spüren.

Ich klopfe mich gern und bringe alles in den Fluss,
ich fühl' mich frei und gebe dankbar
meinem Leben einen Kuss.

Fühlst du dich wohl, brauche ich dir nicht zu sagen,
kommst du auch zurecht mit allen Lebenslagen.
Mehr Fokus, ganz DU selbst, und innere Mitte,
in deinem Rhythmus gehst du deine Schritte.

Ich klopfe mich gern und bringe alles in den Fluss,
ich fühl' mich frei und gebe dankbar
meinem Leben einen Kuss.

Die Möglichkeiten fürs Klopfen sind groß,
du wählst selbst deine Art und es verschwindet
auch im Hals der Kloß.

Grenzen setzen und frei kommunizieren,
dein Sein, dein Herz werden zelebrieren.

Sei geduldig mit dir selbst,

wichtig ist nur, dass du die Rituale

für die Automatisierung einhältst.

Wie du auch klopfst, denke nicht viel nach,

mach' es mindestens 2 Mal täglich wiederhole dreifach.

Ich klopfe mich gern und bringe alles in den Fluss,

ich fühl' mich frei und gebe dankbar

meinem Leben einen Kuss.

Was kommt alles, in dir hoch. Schreibe oder male es:

Wer bist du **MIT** den Gedanken, Emotionen, Bildern?

Was fühlst, siehst, denkst du? Z.B. Ich fühle mich schlecht. Was bedeutet schlecht? Wie eine Schwere lastet auf mir. Was macht diese Schwere mit mir? Sie löst in mir Anhängigkeit aus, das engt mich ein. LIES DIR ALLES DURCH bzw. SCHAU DIR DEIN BILD AN. Erlebe es.

Wer bist du <u>OHNE</u> die Gedanken, Emotionen, Bildern?

Was fühlst, siehst, denkst du? Z.B. Ich fühle mich gut. Was bedeutet gut? Wie ein Wind, der durch mich weht. Was macht das mit dir? Es macht mich glücklich. LIES DIR ALLES DURCH bzw. SCHAU DIR DEIN BILD AN. Erlebe es.

Nutze die folgenden 5 Schritte für eine direkte Umsetzung.

1. **Was möchte ich nicht mehr?**

2. **Was möchte ich stattdessen?**

3. **Warum möchte ich 2.?** (z.B. ich fühle mich leichter, freier, zufriedener ...) Diese Antworten treiben dich an, leichter umzusetzen und durchzuhalten.

4. **Wen oder was brauche ich für die Umsetzung?**

5. **Wann genau (Datum oder Tag) setze ich um?**

#quickMove

Stell' dir vor, dass alles genau JETZT umgesetzt ist. Gedanklich mit den passenden Emotionen und sei dankbar dafür (obwohl es nur in deinem Kopf ist.) Praktiziere dies vor jedem Einschlafen und direkt nach dem Aufwachen. Du stehst auf und gehst schlafen mit dem Gedanken, den Emotionen und der Dankbarkeit, dass es bereits umgesetzt ist und schaffst neue Denkmuster.

KLOPFEN DER MERIDIANE*

Klopfen ist einfach, wirkungsvoll, leicht zu erlernen und anzuwenden.

Dies sind nur einige Erlebnisse, die du erfahren kannst:
- Stress abbauen
- innere Kraft tanken
- Blockaden und Ängste lösen
- gesünder leben

Immer weniger Medikamente oder Ärzte können gegen unsere Alltagsprobleme helfen. Ein Grund dafür könnte sein, dass die körperlichen Beschwerden häufig emotional erzeugte Ursachen haben, die im Kopf durch unsere Gedanken entstehen.

Durch das Klopfen löst du Verspannungen und Druck, auch wenn du die Punkte nicht genau triffst, sondern nur in der Gegend bist.

Es ist sinnvoll ein VORHER-NACHHER zu erleben. Hierfür kannst du auf einer Skala von 0-10, die du bereits von der IST-AUFNAHME kennst, vorher und nachher eine Einschätzung hinterlassen.

Klopfe bzw. massiere auf beiden Körperseiten, um den Körper in Balance zu halten.

*auf Basis von EFT (Emotional Freedom Technik)
Gary Craig ist der Entwickler der Technik
Studien dazu gibt es hier: https://www.eft-info.com/text-bibliothek/eft--forschung/

Die Klopftechnik baut auf den Erkenntnissen folgender Systeme auf, die noch näher erläutert werden:

- Meridianlehre
- Neurolinguistisches, Programmieren (NLP)
- Kinesiologie

Meridianlehre

Meridiane sind Kanäle, in denen Lebensenergie, auch Qi, genannt, fließt. Jeder Meridian ist einem Organsystem zugeordnet. Auf den Meridianen liegen die Akupunkturpunkte, von denen du möglicherweise schon einmal etwas gehört hast. In der Traditionellen Chinesischen Medizin (TCM) bedeutet Gesundheit frei sein und ausreichend fließende Energie (Qi) haben.

NLP

Es ist ein Wirken von Sprache und Psyche. NLP vereint unsere Emotionen und Gedanken mit Hilfe von Sprache in einem bewussten Zustand.

N Vorgänge im Gehirn (Neuro)
L mithilfe der Sprache (linguistisch)
P systematische Handlungsweisen (Programmieren)

Kinesiologie

Es ist die wissenschaftliche Lehre der Bewegung. Sie unterstützt u. a. Persönlichkeitsentfaltung, Selbstbewusstsein und Lebensfreude, Aktivierung von Ressourcen und hilft gegen chronische und akute Schmerzen und Verspannungen.

kinesis (griechisch) = Bewegung
logos (griechisch) = Lehre

#quickMove

Du kannst während dem Klopfen zusätzlich Kraftworte oder einen kurzen, positiv formulierten Kraftsatz (Affirmation) aufsagen.

Dies ist aber nicht zwingend notwendig. Spüre rein, ob das zusätzliche Aufsagen von Worten oder eines Satzes sich richtig anfühlt.

Fühl' selbst rein, welche Sätze dir Kraft geben.

Dazu gebe ich dir gerne Beispiele:

Suche dir ein Thema, was dich aktuell beschäftigt und eine mögliche Emotion dazu. Was löst das Thema in dir aus? (z.B. Wut, Angst, Trauer, Verachtung, Hass, Leid, Ekel, Schmerz, Scham, Schuldgefühl, Mitleid, Neid oder Enttäuschung, ...)

- Bewerte dein Befinden auf einer Skala von 0 bis 10 (0 = super, 10 = schlecht)

- Finde dein Thema, beschreibe die Situation genau. Nicht einfach nur, die Menschen hören mir nicht zu oder ich habe Angst, sondern z. B. immer, wenn ich vor Menschen spreche, habe ich Angst.

- Finde einen positiven, kurzen Satz für dein Thema, z.B. ALTER SATZ "Ich habe Angst vor Menschen zu sprechen."
- **NEUER SATZ: "Gelassen stehe und spreche ich vor Menschen."**
- Sprich den Satz und hole die Emotionen dazu hoch. Wie fühlt sich gelassen sprechen vor Menschen an?

Kurzdarstellung, Klopfpunkte Meridiane

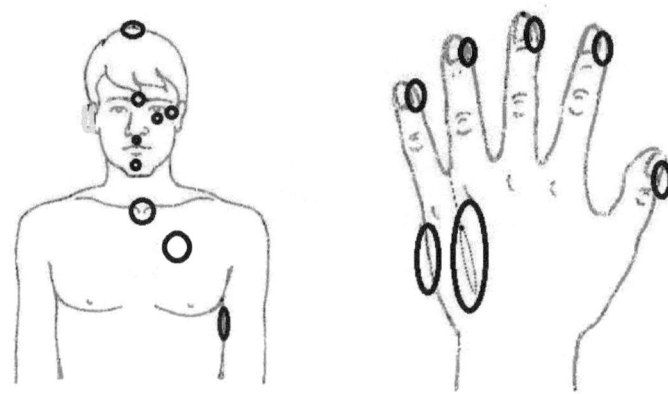

© Bild und Gestaltung

Bevor du mit dem Klopfen startest:

Nutze die Skala von 0-10. Nenne eine Zahl zwischen 0 und 10, die darstellt, wie es dir VOR dem Klopfen geht.

(10 bedeutet, dir geht es richtig gut und 0 bedeutet, total mies. ***Du kannst es auch umgekehrt darstellen, 0 super und 10 mies. Wähle selbst)***

Schreibe die Zahl hier VOR DEM KLOPFEN auf: ....

Nach dem Klopfen, nutzt du erneut die Skala und nennst intuitiv eine Zahl zwischen 0 und 10, die beschreibt, wie es dir NACH dem Klopfen geht.

Schreibe die Zahl hier NACH DEM KLOPFEN auf: ....

Diese Zahl ist **Richtung wohlfühlen gegangen,** richtig?

Falls nicht, atme tief ein, verbinde dich mit deinem Herzen. Lege dafür deine Hand aufs Herz und atme tiefe Atemzüge, so lange bis du spürst, es geht dir gut.

Los geht's mit den Klopfpunkten im Detail

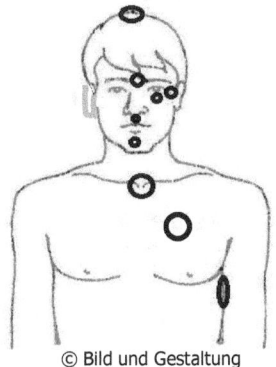

© Bild und Gestaltung

1 Ende Augenbraue, 3. Auge

Thema Unsicherheit, Scham

Meridian Blase

2 Außenseite Schläfe

Thema Frust, Ablehnung

Meridian Gallenblase

3 Mittig unter dem Auge)

Thema Sorgen, Mangeldenken, Nicht-Annehmen

Meridian Magen

4 Mittig unter der Nase

Thema Stress, Festhalten

Meridian Gouverneursgefäß*

5 Kinn mittig

Thema unterdrückte Emotionen, Verschlossenheit

Meridian Konzeptionsgefäß*

6 Ende Schlüsselbein

Thema Angst, Enttäuschung

Meridian Niere

7 über Brust

Thema Wut, Selbsthass

Meridian Leber

gut bei Affirmationen/Kraftsätze mit Emotionen

8 unterhalb Achselhöhle

Thema Mangel an Selbstvertrauen und Mangel an Selbstwert

Meridian Milz-Pankreas*

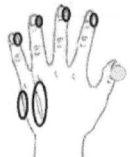 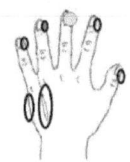

9 Daumen

Innenseite Nagelbett

<u>Thema</u> Chronischer Kummer, „alte" Trauer

<u>Meridian</u> Lunge

10 Zeigefinger

Innenseite Nagelbett

<u>Thema</u> Starrsinn, Unbeweglichkeit

<u>Meridian</u> Dickdarm

11 Mittelfinger

Innenseite Nagelbett

<u>Thema</u> Schock, zerbrochenes Vertrauen

<u>Meridian</u> Kreislauf-Sexus*

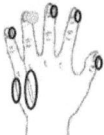  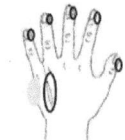

12 Ringfinger

Innenseite Nagelbett

<u>Thema</u> Erniedrigung, Hoffnungslosigkeit

<u>Meridian</u> Dreifacherwärmer*

13 Kleiner Finger

Innenseite Nagelbett

<u>Thema</u> Verletzlichkeit, Freudlosigkeit

<u>Meridian</u> Herz

14 Außenkante

Höhe Handinnenline

<u>Thema</u> Sich verloren fühlen, Mangel an Wertschätzung

<u>Meridian</u> Dünndarm

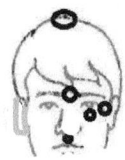 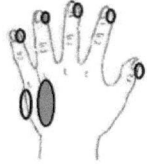

15 Scheitel (Kopf)

Thema Nervenleiden, Atemstörungen, Kopfschmerzen, Immunschwäche, geistige Erschöpfung

Meridian Kronenchakra*

16 Gammut Punkt

Thema bei einem speziellen Problem, während Klopfen Fokus auf das Thema gerichtet

Meridian Dreifacherwärmer – steht für Verarbeitung der Bedrohung von außen

#quickMove

Ausbalancierung der Gehirnaktivität

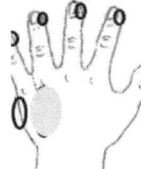

Es ist eine Methode von vielen, wie du ein Thema verarbeiten kannst. Fragen stellen, hat einen ebenso guten Effekt. Diese 8 Schritte unterstützen dich, den Fokus auf dein Thema zu halten und es leichter zu verarbeiten. Durch Zählen und Augenbewegung verbinden die linke und rechte Gehirnhälfte. Bei einem Problem wird der Fokus auf das Thema gelenkt, nicht auf die Emotionen oder Interpretationen.

Gleichzeitig klopfen und folgendes ausüben:

1. Augen schließen und zulassen.
2. Augen öffnen und geradeaus schauen.
3. Augen nach rechts unten, dabei Kopf gerade halten.
4. Augen nach links unten, dabei Kopf gerade halten.
5. Augen einmal im Kreis rollen.
6. Augen einmal im Kreis in die andere Richtung rollen.
7. Ein paar Töne summen, z. B. den Refrain von Pippi Langstrumpf oder Happy Birthday".
8. Laut von 1 bis 5 zählen.

Atme nun tief ein und aus, bis du merkst, es reicht aus.

#quickMove

Energiefluss in andere Richtung

Bei manchen Menschen fließt die Energie der Meridiane in die andere Richtung. Die Klopftechnik funktioniert nicht, weil das Unterbewusstsein, die Heilung oder Lösung sabotiert.

- Ob deine Energie in die andere Richtung fließt, merkst du daran, dass das Klopfen keine Wirkung zeigt, du wirst es spüren.
- Deine Energie fließt in die andere Richtung? Denke oder sprich: **"Obwohl meine Meridianenergie rückwärts fließt, finde ich eine Lösung und akzeptiere ich mich voll und ganz."**
- Wiederhole den Satz dreimal - **laut oder in Gedanken**, um dein Unterbewusstsein und dem Wunsch nach einer Lösung bzw. Heilung in Balance zu bringen.
  - o Klopfe während dem Aufsagen, die Meridian Nr. 14 (Handaußenkante).
- Nun erfolgt das Klopfen der einzelnen Meridiane wie auf Seite 120-122 beschrieben - hinzu kommt dein Satz/deine Affirmation z. B. "Gelassen stehe und spreche ich vor Menschen."
- Abschließend klopfst du den Gammut-Punkt wie beschrieben mit den 8 Schritten.
- Du merkst nach jedem Durchlauf eine Besserung.
- Bleibe auf den Punkten so lange, wie du es selbst für richtig empfindest. Spürst du etwas an dem Punkt, klopfe so lange, bis es besser ist, du löst eine Blockade.
- Klopfe beide Körperseiten, um eine Balance herzustellen.

Nutzt du das Klopfen rein für eine Affirmation und hast nicht viel Zeit. Eine Tiefenwirkung erhältst du beim Klopfen des Punktes 7 und dem Aufsagen deines Kraftsatzes mit Vorstellung der dazugehörigen Emotionen.

*Erläuterung unbekannter Begriffe

Gouverneursgefäß

Lenkergefäß (Hinter-Meridian)

Seine Energie fängt hinten über dem Steißbein an zu fließen.
Verlauf Steißbein bis zur Oberlippe (oberhalb)
Themen Wirbelsäulenprobleme

Konzeptionsgefäß

Zentralgefäß (Vorder-, Haupt-Meridian)

Seine Energie fließt von unten nach oben.
Verlauf Mitte des Schambeins bis unterhalb der Unterlippe
Themen Schwächung durch Denken, Wirbelsäulenprobleme,
Verschaltung zwischen Körper und Geist, Verspannungen im
hinteren Kopfbereich. Bei Schwäche des Zentralgefäßes sind alle
anderen Meridiane auch schwach.

Milz-Pankreas

Ihre Energie fließt von unten nach oben.
Verlauf von den zur Körpermitte weisenden Nagelfalzwinkeln
der großen Zehen bis zum Punkt auf den mittleren Achsellinien
Themen Zucker speichernd, zuckerverdauend, Störungen des
Immunsystems, Verdauungsprobleme, Über- und Unterzucke-
rung, basisches Abpuffern der Magensäure, Schulterblätter un-
terschiedlich hoch, Kummer, Sorge, mangelndes Trauen, Über-
essen (Süßigkeiten), Übersäuerung

Kreislauf-Sexus

Ihre Energie fließt von oben nach unten.
Verlauf Von einer Daumenbreite neben den Brustwarzen bis zu den daumenseitigen Nagelfalzwinkeln der Mittelfinger
Themen Blutdruck, Kreislaufsystem, Sexualität, Blut, bei Schwäche Lendenwirbelprobleme (Hüften ungleich hoch), Helfer-Syndrom, bei Frauen Beziehung zum Partner, bei Männern Beziehung zur Mutter, Prostata, Infektionen der Blutwege

Dreifacherwärmer

(Schilddrüsen-Meridian)

Energie fließt von unten nach oben
Verlauf Von den kleinfingerseitigen Nagelfalzwinkeln der Ringfinger bis zu den äußeren Enden der Augenbrauen in einem Grübchen
Themen Infektionen, Probleme mit Zärtlichkeit, Organische Potenz, Libido-Verlust, Rückgrat-Probleme im Halsbereich, Mund-, Nase-, Augenentzündungen, Erkältungen, trockener Mund, Spannungsgefühl in den Zähnen.

Kronenchakra

Hier ist der Sitz unseres Einheitsbewusstseins. Es hat die Aufgabe alle Energiequellen zu versorgen und ist zuständig für unsere innere Führung. Im Kronenchakra werden alle körperlichen und psychischen Erkrankungen gesteuert. Das Wurzelchakra ist der Kommunikationspartner des Kronenchakras. Ein bedeutender Aspekt des Kronenchakras ist das Traumbewusstsein.

Erlebe hier zwei weitere Arten, die Meridiane zu beleben. Das Ergebnis ist unter anderem mehr Gelassenheit, Gesundheit und Klarheit.

KLOPFEN MIT DER FAUST

Mit dem Faustklopfen öffnest Du Dein energetisches Wesen und sollte es eine energetische Fehlschaltung geben, so wird diese aufgelöst.

Vorbereitung

1. Halte auf einer Skala von 0-10 fest, wie es dir vor der Übung geht.
2. 0 bedeutet ganz schlecht und 10 bedeutet sehr gut. Wie bereits gesagt, kannst du es auch umkehren.
3. Nach der Anwendung: Erneut die Skala anwenden, es ist eine Verbesserung spürbar und messbar.
4. Falls nicht, dann fahre dich mit einer Atmung vorab herunter und starte dann die Übung erneut.

Durchführung

Mindestens 5 Mal auf jeder Hand. Du merkst selbst, wie viele Wiederholungen du gerade brauchst.

- Bestimme mit Hilfe der Skala dein Befinden VOR der Übung. Forme mit deiner Hand eine Faust. Wähle selbst, ob du mit rechts oder links startest.
- Klopfe nun mehrmals leicht in die Innenfläche der anderen Hand, zähle 1 und 2 und 3 und 4 und 5.
- Wechsle die Hand. Forme die andere Hand zur Faust.
- Klopfe nun mehrmals leicht in die Innenfläche der offenen Hand, zähle 1 und 2 und 3 und 4 und 5.
- Klopfe schnell und langsam und spüre, was dir gut tut.
- Wende erneut die Skala an und spüre, wie es dir nach der Übung geht.

Ist diese Übung etwas für deinen Alltag? Falls ja, wie integrierst du sie in deine Routinen?

FINGER MASSIEREN

Vorbereitung

1. Halte auf einer Skala von 0-10 fest, wie es dir vor der Übung geht.
2. 0 bedeutet ganz schlecht und 10 bedeutet sehr gut. Wie bereits gesagt, kannst du es auch umkehren.
3. Nach der Anwendung: Erneut die Skala anwenden, es ist eine Verbesserung spürbar und messbar.
4. Falls nicht, dann fahre dich mit einer Atmung vorab herunter und starte dann die Übung erneut.

Durchführung

- Bestimme mit Hilfe der Skala dein Befinden VOR der Übung.
- Du umfasst mit der einen Hand den Daumen, drehen und abziehen, wie beim Motorrad fahren das Gas geben. Führe das mit allen weiteren Fingern an der Hand fort. Wechsele die Hand und wiederhole es, um den Körper im Gleichgewicht zu halten.
- Wende erneut die Skala an und spüre, wie es dir nach der Übung geht.

Alternative
- Bestimme mit Hilfe der Skala dein Befinden VOR der Übung.
- Däumchen drehen kennst du? Du kreist beide Daumen umeinander, beide Zeigefinger, ... beide kleine Finger.
- Wende erneut die Skala an und spüre, wie es dir nach der Übung geht.

Lerne dich kennen, spüre und nimm wahr. **Ist diese Übung etwas für deinen Alltag? Falls ja, wie integrierst du sie in deine Routinen?**

#quickMove

- ✓ Beschäftigt dich ein Thema, kannst du auch den Finger mit der anderen Hand umfassen und halten z.B. bist du traurig, dann umfasse mit der einen Hand den Ringfinger der anderen Hand, so lange wie du möchtest.
- ✓ 60 Sekunden Finger massieren, wähle hier kreisende Auf- und Abwärtsbewegungen jedes einzelnen Fingers. Die Bedeutung der Fingerpunkte findest du hier:

Bedeutung der Finger-Massage-Punkte

1 Fingerkuppen
Stirnhöhle, Kopf, Gehirn (Konzentration), Nasenhöhlen

2 Daumen innen, oben
Hypophyse (Schaltzentrale des Hormonsystem

3 Daumen innen, Mitte
Nacken

4 Daumen Unterkante
Blase

5 Zwischen den Fingern
Zähne

6 Untere Fingergliedmaßen
Augen (Zeige- u. Mittelfinger) und Ohren (Ring- u. Kleiner Finger)

7 Zwischen Daumen und Zeigefinger
Magen

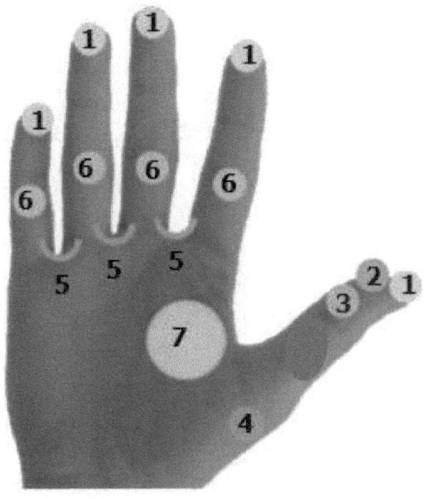

Abschließend auf unserer Reise in die Meridiane, gibt es hier noch eine Übung.

Welche Probleme treten aktuell bei dir auf?

Schreibe es auf.

Beispiel Problem	Beispiel Lösung	Beispiel Umsetzung
Beispiel Häufige Erkältung	Ich hinter frage, von was ich die Nase voll habe und klopfe die Kopf Punkte (1-6)	Immer wenn mir die Nase läuft, für die Automatisierung die nächsten 3 Wochen, täglich auf der Toilette
Beispiel keine Lust auf Sex	Was kann ich tun, damit ich Sex wieder genießen kann?	Ich nehme wahr, alles könnte relevant sein, Worte, Gespräche, Thema einer Werbung, alles, was mir bewusst ist, könnte wichtig sein.

Schreibe hier deine eigenen Probleme, Lösungen und Umsetzungsschritte auf.

Probleme	Lösungen	Umsetzung

Möchtest du noch einen Schritt weiter gehen?

Klopfe den Gammut-Punkt oder Nr. 7 gleichzeitig, während du dir die Lösung und Umsetzung gedanklich und emotional vorstellst.

POETRY TRIFFT PIANO

Ich möchte endlich etwas sagen,
raus damit und alles wagen.
Manchmal ist es so, als ob sich was
gegen mein Leben will verschwören,
Schluss damit, diese Plagen sollen aufhören.

Bin ich soweit? Schaffe ich es auszubrechen, bin ich bereit?

Es steht alles in den Sternen. Wie geht es mir,
wenn ich auf dem Weg bin, mich von Dingen zu entfernen?
Will ich das wirklich, das Alte verlassen?
Bin ich bereit, dass Menschen mich hassen?
Weil ich spreche, was ich denke
und mich nicht mehr verbiege oder verrenke?
Ich gehe in eine Richtung, die meine ist.
Ich fühl' mich frei und nehme wahr, wie schön du bist?

Der Zweifel frisst mich auf,
der Boden unter mir bricht zusammen.
Ich falle und niemand fängt mich auf.

Ist mein Verstand wirklich so stark,

die Gedanken, Worte, Emotionen schießen auf mich ein,

wie ein Hagelschlag.

Wieder spüre ich mich, meinen Beat BUM BUM, BUM BUM, mein

Verstand wird stumm.

Ich verstehe, das kann er nicht haben,

da findet er keine Assoziationen,

DAS kann mein Verstand nicht ertragen.

Den Boden unter den Füßen verloren,

haltlos, dem Untergang nah.

Ich ziehe mich zurück,

füge mich meinem Umfeld und mache mich rar.

Ich lüge mich an und lebe in einer hektischen Welt.

Ich schaue zu, wie mein Inneres zusammenfällt.

Ich tappe immer wieder in die gleiche Falle rein,

aus ganz groß wird ganz klein.

Das kannst du noch nicht. Dafür bist du zu klein.

Das schaffst du nicht. Das musst doch nicht sein.

Sei nicht so laut. Hör' auf zu schrein.

Red' nicht so viel. Lass' das endlich sein.

Fall' nicht auf. Pass' dich an.

Du machst das falsch. Schau dir die anderen an.

Das verstehst du noch nicht. Du bist noch nicht dran.

Hör' auf zu reden. Das hört sich keiner an.

Ich atme tief ein, heb' meine Arme in die Luft.

Ich fühl' mich groß und

gebe meinem Leben einen Kuss.

Vergleichen, rechtfertigen und schuldig fühlen,

nächtelang Tränen, in Problemen wühlen.

Es wird immer wichtiger, was andere über mich denken.

Ich passe mich an, lasse meine Gedanken lenken.

Vieles wird mir abgenommen, wenn ich habe etwas begonnen.

Bedürftig sein, kann ich es heute nennen.

Ich konnte mich lange nicht davon trennen.

Der Zweifel frisst mich auf,

unter mir bricht alles zusammen.

Ich falle und niemand hilft mir auf.

Ich tappe immer wieder in die gleiche Falle rein,

aus ganz groß wird ganz klein.

Bis ich nach und nach ein neues Umfeld gewinne,
ich erkenne mich kaum wieder, denke ich spinne.

Ich erkenne, ich bin wirklich, so richtig echt,
wertvoll mit Herz und habe ein Recht.
Ein Recht darauf ICH zu sein,
mit Schatten und mit Sonnenschein.
Ich schaffe das. Ich glaube an mich.
Ich nehme mich an. Ich lasse mich nicht mehr im Stich.
Ich sprenge meine Grenzen und erlebe mich groß.
Ich nehme mich an. Ich lasse los.
Ich spüre mein Herz. BUM BUM, immer zu.
Ich packe es an. Ich finde innere Ruh'.
Ich packe es an. Ich finde innere Ruh'.

Ich atme tief ein, heb' meine Arme in die Luft.
Ich fühl' mich groß und
gebe meinem Leben einen Kuss.

Mit viel Geduld und Zeit, ist es dann endlich soweit.
Ich fange an, mir den Raum zu geben,
um all meine Träume zu leben.

Ich beginne, an mich zu glauben,
statt mir den letzten Nerv zu rauben.

Ich spüre mein Herz, eine unbändige Kraft,
Liebe, Stimme, fabelhaft.

Ich bin im Jetzt und Hier.
Ich öffne mein Herz und stehe zu mir.
Ich spüre mein Herz. – BUM BUM, immer zu.
Ich packe es an und finde innere Ruh'.

Ich atme tief ein, heb' meine Arme in die Luft.
Ich fühl' mich groß und
gebe meinem Leben einen Kuss.

Anmerkung:
Während dir die Reime und Worte bekannt vorkommen und du möglicherweise gleich danach suchst, erwähne ich gerne nochmal, dass die Wiederholungen wichtig sind und nenne es Verarbeitung, wenn Themen immer wieder hochkommen oder nenne es Automatisierung, wenn Dinge gefestigt werden sollen.

Was kommt alles, in dir hoch. Schreibe oder male es:

Wer bist du __MIT__ den Gedanken, Emotionen, Bildern?

Was fühlst, siehst, denkst du? Z.B. Ich fühle mich schlecht. Was bedeutet schlecht? Wie eine Schwere lastet auf mir. Was macht diese Schwere mit mir? Sie löst in mir Anhängigkeit aus, das engt mich ein. LIES DIR ALLES DURCH bzw. SCHAU DIR DEIN BILD AN. Erlebe es.

Wer bist du <u>OHNE</u> die Gedanken, Emotionen, Bildern?

Was fühlst, siehst, denkst du? Z.B. Ich fühle mich gut. Was bedeutet gut? Wie ein Wind, der durch mich weht. Was macht das mit dir? Es macht mich glücklich. LIES DIR ALLES DURCH bzw. SCHAU DIR DEIN BILD AN. Erlebe es.

Nutze die folgenden 5 Schritte für eine direkte Umsetzung.

1. **Was möchte ich nicht mehr?**

2. **Was möchte ich stattdessen?**

3. **Warum möchte ich 2.?** (z.B. ich fühle mich leichter, freier, zufriedener ...) Diese Antworten treiben dich an, leichter umzusetzen und durchzuhalten.

4. **Wen oder was brauche ich für die Umsetzung?**

5. **Wann genau (Datum oder Tag) setze ich um?**

#quickMove

Stell` dir vor, dass alles genau JETZT umgesetzt ist. Gedanklich mit den passenden Emotionen und sei dankbar dafür (obwohl es nur in deinem Kopf ist.) Praktiziere dies vor jedem Einschlafen und direkt nach dem Aufwachen. Du stehst auf und gehst schlafen mit dem Gedanken, den Emotionen und der Dankbarkeit, dass es bereits umgesetzt ist und schaffst neue Denkmuster.

POETRY trifft Schlagzeug

An alle, die zu leise sind.
An alle, die auf der Suche sind.
An alle, die sich verstecken.
An alle, die Angst haben, sich zu zeigen.
Wo bist du? Ich hör' dich nicht.
Wo bist du? Ich seh' dich nicht.
Wo bist du? Wir brauchen dich!

Ich habe mich verloren, sehe mich nicht,
gehe mit mir hart ins Gericht.
Ich trau' mich nicht, werde nicht gesehen,
ich arbeite zu viel, ich schlafe im Stehen.

Ich hör' nur ich, ich, ich,
kann es selbst gerade nicht ertragen.
Warum kommt es immer wieder hoch,
die Aggression, dieses Klein fühlen, beachtet werden wollen.
Was muss ich tun, um mich raus zu wagen?

Ich atme tief ein und halte inne, dann höre ich eine leise
Stimme. Sie sagt:
„Hey, ich hab' dir schon eine Zeit lang zugehört,
ich sage nicht, dass es mich stört.

Lass dich umarmen,
spürst du meine Wärme und wie ich vibriere?

Was ich bin, bist auch du.
Und ich sag dir, ich gebe niemals Ruh'.
Hier geht es um das nackte Überleben,
um Dankbarkeit fühlen,
für das, was du hast und um Höheres anzustreben.

In dir ist noch so viel,
was du darfst nach Außen tragen,
du wirst es schaffen, allein herauszukommen,
aus all den Klagen.
Du regst dich auf, dir passt was nicht?
Ist gut, sei wütend, red' drüber,
aber geh' nicht so hart mit dir ins Gericht.

Du bist wundervoll, so wie du bist.
Erkenne es selbst, mach' dich groß,
es ist, wie es ist."

Es sind die Momente der Stille, die mich plagen,
sie zwingen mich, in mich zu gehen,
ich möchte so viel sagen.

„Es ist dein Feuer kannst du es spüren,

manchmal schlägt dein Herz schneller,

fängt an zu vibrieren."

Ich kann es hörn, ich kann es spürn.

Es ist wie ein Lauffeuer, verbreitet sich im Nu,

ich bin entfacht, gebe keine Ruh'.

„Kannst du ihn hören,

deinen inneren Schlag, BUM BUM, BUM BUM?"

Ja, es ist Lärm, es haut mich um,

es ist wie ein Ritt.

Es ist wie im Rausch,

da geh' ich sofort mit.

Das bin ich, Feuer und Flamme, ich nehme mich an

und will es immer wieder spüren,

fange an, mich hinzugeben und lerne mich zu akzeptieren.

*„Der Abflug wird eingeleitet, dein Feuer brennt, du weißt genau,
was zu tun ist und ab geht's genau jetzt, in diesem Moment."*

Stell' dir jetzt ein Schlagzeug Solo voller Power vor.

Was kommt alles, in dir hoch. Schreibe oder male es:

Wer bist du **MIT** den Gedanken, Emotionen, Bildern?

Was fühlst, siehst, denkst du? Z.B. Ich fühle mich schlecht. Was bedeutet schlecht? Wie eine Schwere lastet auf mir. Was macht diese Schwere mit mir? Sie löst in mir Anhängigkeit aus, das engt mich ein. LIES DIR ALLES DURCH bzw. SCHAU DIR DEIN BILD AN. Erlebe es.

Wer bist du <u>OHNE</u> die Gedanken, Emotionen, Bildern?

Was fühlst, siehst, denkst du? Z.B. Ich fühle mich gut. Was bedeutet gut? Wie ein Wind, der durch mich weht. Was macht das mit dir? Es macht mich glücklich. LIES DIR ALLES DURCH bzw. SCHAU DIR DEIN BILD AN. Erlebe es.

Nutze die folgenden 5 Schritte für eine direkte Umsetzung.

1. Was möchte ich nicht mehr?

2. Was möchte ich stattdessen?

3. Warum möchte ich 2.? (z.B. ich fühle mich leichter, freier, zufriedener ...) Diese Antworten treiben dich an, leichter umzusetzen und durchzuhalten.

4. Wen oder was brauche ich für die Umsetzung?

5. Wann genau (Datum oder Tag) setze ich um?

#quickMove

Stell' dir vor, dass alles genau JETZT umgesetzt ist. Gedanklich mit den passenden Emotionen und sei dankbar dafür (obwohl es nur in deinem Kopf ist.) Praktiziere dies vor jedem Einschlafen und direkt nach dem Aufwachen. Du stehst auf und gehst schlafen mit dem Gedanken, den Emotionen und der Dankbarkeit, dass es bereits umgesetzt ist und schaffst neue Denkmuster.

SEI EIN LEUCHTTURM

für LIGHTHOUSE SPARKS EXPERIENCE 2019

Sei ein Leuchtturm kein Teelicht.
Fällt das denn ins Gewicht?
Ich liebe diese kleinen Lichter,
mag nicht auffallen, meine Gedanken werden dichter.

Sie ziehen sich zusammen wie Wolken am Horizont,
wie gewollt und nicht gekonnt.
Ich sacke zusammen, verliere mich voll und ganz,
verliere mein Strahlen, meinen Glanz.

Ich atme tief ein, heb' die Arme in die Luft.
Ich fühl' mich groß und
gebe meinem Leben einen Kuss.

Ist es konfus, wenn ich jetzt sage,
ich bräuchte ein großes Licht,
eines, was so richtig hervorsticht.
Was mir sagt, was ich kann oder lieber lassen soll.
Was meine Kompetenzen stärkt und sagt, was ich kann toll.
Was mir die Orientierung bringt,
ein Licht, was in Einklang mit meinen Werten
und Visionen schwingt.

Ein Licht, was mir ein gutes Mindset schafft,

die grauen Gedanken vertreibt,

alles annimmt, loslässt und

mit mir auch mal geduldig schweigt.

Ein Licht, was mir Ausdauer in Form von

Ruhe und Power gibt,

wo meine Intuition und mein Herzimpuls überwiegt.

Ich atme tief ein, heb' die Arme in die Luft.

Ich fühl' mich groß und

gebe meinem Leben einen Kuss.

Ich spüre Funken ab und zu, das lässt mir keine Ruh'.

Ich gebe dem Funken Raum, es ist wie in einem Traum.

Da scheint es auch ein Feuer zu geben.

Mein Herz sagt: „Das hält dich am Leben."

Mein Herz rast und sagt: „WEITER SO, BLEIBE DRAN.

Fang endlich an zu fühlen, an dich zu glauben,

statt müde zu sein und dir den letzten Nerv zu rauben."

Zeig' mir Licht wie ich strahlend, intuitiv,
motiviert durchs Leben gehen kann,
wie ich mich spüre, zu mir stehe und
mit meinem Herzen ziehe an einem Strang.
Hilf mir voranzugehen, statt stehenzubleiben,
hilf mir den Stift zu halten beim Gedanken aufschreiben.

Meine großen Visionen umzusetzen, statt andere zu kopieren,
mich wahrnehmen und meine Selbstzweifel reduzieren.
Meine Stimme wieder finden, strahlend schön,
daran könnte ich mich glatt gewöhn.

Meiner inneren Stimme folgen,
jeden Moment erleben und vergolden.
Vertrauen und Mut für mich selbst finden,
mich aus alten Mustern winden.
Annehmen, loslassen und neu erschaffen,
statt mich zu bemitleiden und einfach nur zu gaffen.

Ich atme tief ein, heb' die Arme in die Luft.
Ich fühl' mich groß und
gebe meinem Leben einen Kuss.

Ein Leuchtturm werden, ich? Ja, erstmal nur für mich.
Erst dann geh' ich raus und bin da für dich.

Nutze deine Gabe und stell' dir die Frage:

Was treibt mich an – mein Warum lebe ich wann?

Das Warum ist der Grund, warum du etwas machst,

dranbleibst und künftig mehr Spaß hast.

Mal ehrlich, worauf willst du warten?

Wen oder was brauchst du, zum Starten?

Ich atme tief ein, heb' die Arme in die Luft.

Ich fühl' mich groß und

gebe meinem Leben einen Kuss.

Wie lange willst du noch warten?

Wann willst du endlich starten?

Jeder Moment ein Augenblick,

jeden Moment lebst du deinen Sinn, Schritt für Schritt.

Wiederholen und automatisieren,

Energie geben, Ruhe tanken und immer wieder spüren.

Du bist jetzt bereit, die Lasten sind fern.

Du findest deine Balance, du hast dich selbst gern.

Du atmest, wenn du es brauchst und bleibst in deiner Stärke.

Du weißt, wer du bist, du kennst deine Werte.

Fokussiere dich auf dein Herz,
nutze es als deinen inneren Kompass.
Verbinde dich mit deinem inneren Kind und
habe endlich wieder Spaß.

Folge den Impulsen deines Herzens und
setze sie sofort um, bevor die Energie verpufft.
Dann fängst du endlich wieder an zu leben
und atmest frische Luft.

Ich atme tief ein, heb' die Arme in die Luft.
Ich fühl' mich groß und
gebe meinem Leben einen Kuss.

Sei ein Leuchtturm und kein Teelicht.
Brennt dein Feuer groß, hast du eine weite Sicht.
Es ist dein verdammtes Geburtsrecht,
dieses Leben zu spüren,
wertvoll zu sein und dich in Leidenschaft, Freiheit,
Gelassenheit und Spaß zu verlieren.
Nutze die Möglichkeiten, um deinen Weg zu finden,
einen Pakt mit dir selbst zu gründen.

Ob Gut oder schlecht, leid oder leben,
lieben oder hassen, durchstarten oder aufgeben.

Nur du allein entscheidest, wer du bist,
denn jeder sieht dich so, wie er dich sehen will
und nicht wie du wirklich bist.

Wie lange willst du noch warten?
Hör' auf dein Herz und leg los,
fang' an zu starten.

Geh' in die Wahrnehmung,
wann fängt dein Herz an zu vibrieren,
während dich die Möglichkeiten inspirieren.

Wann hast du Angst und willst nichts mehr hören,
lass' dich nicht beim Hören durch deinen Verstand stören.

Geh' rein in dein Herz und in die Angst,
entfalte dein Potential und du wirst erleben, was du kannst.

Hör auf zu warten, geh' raus und fang' an zu starten.

Ich atme tief ein, heb' die Arme in die Luft.
Ich fühl' mich groß und
gebe meinem Leben einen Kuss.

Was kommt alles, in dir hoch. Schreibe oder male es:

Wer bist du **MIT** den Gedanken, Emotionen, Bildern?

Was fühlst, siehst, denkst du? Z.B. Ich fühle mich schlecht. Was bedeutet schlecht? Wie eine Schwere lastet auf mir. Was macht diese Schwere mit mir? Sie löst in mir Anhängigkeit aus, das engt mich ein. LIES DIR ALLES DURCH bzw. SCHAU DIR DEIN BILD AN. Erlebe es.

Wer bist du <u>OHNE</u> die Gedanken, Emotionen, Bildern?

Was fühlst, siehst, denkst du? Z.B. Ich fühle mich gut. Was bedeutet gut? Wie ein Wind, der durch mich weht. Was macht das mit dir? Es macht mich glücklich. LIES DIR ALLES DURCH bzw. SCHAU DIR DEIN BILD AN. Erlebe es.

Nutze die folgenden 5 Schritte für eine direkte Umsetzung.

1. Was möchte ich nicht mehr?

2. Was möchte ich stattdessen?

3. Warum möchte ich 2.? (z.B. ich fühle mich leichter, freier, zufriedener ...) Diese Antworten treiben dich an, leichter umzusetzen und durchzuhalten.

4. Wen oder was brauche ich für die Umsetzung?

5. Wann genau (Datum oder Tag) setze ich um?

#quickMove

Stell' dir vor, dass alles genau JETZT umgesetzt ist. Gedanklich mit den passenden Emotionen und sei dankbar dafür (obwohl es nur in deinem Kopf ist.) Praktiziere dies vor jedem Einschlafen und direkt nach dem Aufwachen. Du stehst auf und gehst schlafen mit dem Gedanken, den Emotionen und der Dankbarkeit, dass es bereits umgesetzt ist und schaffst neue Denkmuster.

SCHREI DES PHOENIX

Mir geht es gut, denke ich,
lade mir sehr viel auf, ich spür mich nicht.

Ich brauche Anerkennung, ist wie ein Blumenstrauß,
will immer von Herzen Gutes tun, will da auch nicht raus.

Merke nicht, dass nur ich es will.
Um mich herum wird es oft still.

In mir kommt immer wieder diese Wut,
sie nimmt mir Kraft, sie nimmt mir Mut.
Sie gibt mir Stress und ich sacke zusammen.
Ich fange an, mich zu hassen, bin in mir selbst gefangen.
Ich will da raus, doch keine Chance.
Ich bin zu tief drin, finde keine Balance.

Ich wünsche mir Nähe, lasse sie aber nicht zu,
weine, diskutiere viel und gebe keine Ruh'.

Bis ich eines Tages anfange, mich wieder zu spüren,
höre auf in den Problemen zu wühlen.
Weiß, wann ich welche Worte wähle,
suche mir aus, wem ich was erzähle.

Ich spüre mich, ich spüre dich, lasse Nähe zu und freue mich.
Es ist die Erkenntnis, dann der 1. Schritt,
die Zeit ist vorbei, wo ich immerzu litt.

Zeit für mich, Fokus, echt verrückt.
Das verschaffte mir innere Ruhe
und die Kraft, zu genießen jeden Augenblick.

Heute liebe ich die Reflektion,
sage meiner Familie, wenn ich spüre es schon.
Ich fange z. B an, wild zu diskutieren
bis meine Stimmbänder fangen an zu vibrieren.

Ich realisiere, bevor die Wut steigt in mir empor.
Ich atme, wechsele die Position und
hole mein breitestes Lächeln hervor.

Ich bemerke, dass ich mich für meine Gefühle
und Gedanken nicht mehr schäme,
stattdessen mir Nähe, Liebe schenke
und mich an warme Worte gewöhne.

Ausflug in die Wut. Wut ist eine Emotion, die wichtig ist.

Wird sie ignoriert und unterdrückt,

kommt sie immer wieder zu dir zurück.

Es heißt nicht, dass du nie mehr wütend sein wirst,

sondern mit deinem Ventil geschickt umgehst,

so dass annehmen, loslassen und

dich akzeptieren, Alltag für dich werden.

Schau, dass du für einen Ausgleich nach der Wut sorgst.

60 Sekunden Mundwinkel zu einem künstlichen Lächeln sorgt z. B. dafür, dass du durch Ausschüttung von Glückshormonen nach ca. 20 Sekunden wieder in innere Balance kommst.

Dein erzeugter Stress in der Wut wird mit Glückshormonen überschüttet.

Sobald du merkst, dass du die Wiederholungsschleife in deiner Emotion, hier die Wut, läufst, dann ist es Zeit, aufzuhören.

Mit Traurigkeit, dem Weinen ist es das gleiche.

quickMove

- Stell' dir vor, du nimmst dich im nächsten Wutmoment an. Du sagst dir: „Es ist ok, dass ich gerade wütend war."
- Entschuldige dich, falls du Menschen verbal verletzt hast.
- In der Natur ist viel Platz für deine Wut und deine Emotionen. Es wirkt sehr befreiend
  - schreien im Wald
  - schrei, wenn der Zug vorbeifährt

Was kommt alles, in dir hoch. Schreibe oder male es:

Wer bist du **MIT** den Gedanken, Emotionen, Bildern?

Was fühlst, siehst, denkst du? Z.B. Ich fühle mich schlecht. Was bedeutet schlecht? Wie eine Schwere lastet auf mir. Was macht diese Schwere mit mir? Sie löst in mir Anhängigkeit aus, das engt mich ein. LIES DIR ALLES DURCH bzw. SCHAU DIR DEIN BILD AN. Erlebe es.

Wer bist du <u>OHNE</u> die Gedanken, Emotionen, Bildern?

Was fühlst, siehst, denkst du? Z.B. Ich fühle mich gut. Was bedeutet gut? Wie ein Wind, der durch mich weht. Was macht das mit dir? Es macht mich glücklich. LIES DIR ALLES DURCH bzw. SCHAU DIR DEIN BILD AN. Erlebe es.

Nutze die folgenden 5 Schritte für eine direkte Umsetzung.

1. Was möchte ich nicht mehr?

2. Was möchte ich stattdessen?

3. Warum möchte ich 2.? (z.B. ich fühle mich leichter, freier, zufriedener ...) Diese Antworten treiben dich an, leichter umzusetzen und durchzuhalten.

4. Wen oder was brauche ich für die Umsetzung?

5. Wann genau (Datum oder Tag) setze ich um?

#quickMove

Stell' dir vor, dass alles genau JETZT umgesetzt ist. Gedanklich mit den passenden Emotionen und sei dankbar dafür (obwohl es nur in deinem Kopf ist.) Praktiziere dies vor jedem Einschlafen und direkt nach dem Aufwachen. Du stehst auf und gehst schlafen mit dem Gedanken, den Emotionen und der Dankbarkeit, dass es bereits umgesetzt ist und schaffst neue Denkmuster.

MIT EINEM LÄCHELN GEHT'S LEICHTER

Immer gut gelaunt sein und lachen,
immer soll ich gute Miene machen?
Ich falle damit nicht auf, mein Umfeld nimmt das gut an,
es ist nur so, dass ich mich nicht mehr
im Spiegel ansehen kann.

Ich stehe selbst nicht dahinter, wieso soll ich mich anpassen,
meine Identität, mein Sein sind am Verblassen.

**Arme nach oben und 60 Sekunden lachen,
im JETZT sein und 2 Mal täglich machen.**

Mein Gegenüber kann nichts für meinen miesen Tag.
Es ist auch nicht so,
dass ich es an meinem Gegenüber auslassen mag.

Aber hey, jetzt mal ganz ehrlich, sind wir nicht alle Menschen,
die gerne mal über unser Befinden reden?
Und es ist ok, dass wir Höhen und Tiefen, Spaß und Traurigkeit,
Wut und Lachen und auch Hilflosigkeit erleben!

Ich höre einige denken, ich führe ein Team
und habe schwierige Kunden,
wenn ich Verletzlichkeit zeige, kennen sie meine Wunden.
Ich bekomme keinen Respekt,
mein Job ist vielleicht irgendwann weg.
Ich gebe dir Recht. Zeigst du dich verletzlich und echt,
dann finden sich deine Mitarbeiter in dir wieder,
innerlich knien sie vor dir nieder,
denn das ist die wahre Größe – ECHT SEIN, Authentizität,
das schafft ein Vorbild – das ist Souveränität.

Aber klar, wenn du das nicht willst,
dann mach' weiter so und bleibe hart wie ein Stein,
zeige keine Gefühle und erlebe nicht dein wahres SEIN.
Erlebe wie du langsam innerlich kaputt gehst,
du dir Energie nimmst und bald woanders stehst.

Arme nach oben und 60 Sekunden lachen,
im JETZT sein und 2 Mal täglich machen.

Entscheide dich einfach für Last oder Spaß
oder beobachte und erlebe was.
Dein Herz weiß jetzt schon, was es mag,
denn als Kind warst du bereits stark.

Du hast gemacht, wonach dir war und warst der Star.

Du glaubst, nur weil du Erwachsen bist,

dass du kein Star mehr bist?

Du irrst, denn du selbst stehst dir im Weg

und ist es vielleicht zu schräg,

wenn du dir selbst sagst:

„Nehme ich mich an – ist auch kein anderer schuld daran,

ich muss mich nicht anpassen,

darf darüber sprechen und darüber spaßen.

Es ist mein Leben, mein Moment, mein Kraft,

ich lach' mal drüber und stehe voller Glückshormone in meinem

eigenen Saft."

Arme nach oben und 60 Sekunden lachen,

im JETZT sein und 2 Mal täglich machen.

Voller Freude, Liebe und Glück,

es ist so einfach, es ist echt verrückt.

Ich spüre mich und respektiere dich.

Ich stehe zu mir und lebe im Jetzt und Hier.

Voller Lachen und Glück gehe ich jeden Tag

diesen Weg, Stück für Stück.

Was kommt alles, in dir hoch. Schreibe oder male es:

Wer bist du __MIT__ den Gedanken, Emotionen, Bildern?

Was fühlst, siehst, denkst du? Z.B. Ich fühle mich schlecht. Was bedeutet schlecht? Wie eine Schwere lastet auf mir. Was macht diese Schwere mit mir? Sie löst in mir Anhängigkeit aus, das engt mich ein. LIES DIR ALLES DURCH bzw. SCHAU DIR DEIN BILD AN. Erlebe es.

Wer bist du <u>OHNE</u> die Gedanken, Emotionen, Bildern?

Was fühlst, siehst, denkst du? Z.B. Ich fühle mich gut. Was bedeutet gut? Wie ein Wind, der durch mich weht. Was macht das mit dir? Es macht mich glücklich. LIES DIR ALLES DURCH bzw. SCHAU DIR DEIN BILD AN. Erlebe es.

Nutze die folgenden 5 Schritte für eine direkte Umsetzung.

1. Was möchte ich nicht mehr?

2. Was möchte ich stattdessen?

3. Warum möchte ich 2.? (z.B. ich fühle mich leichter, freier, zufriedener ...) Diese Antworten treiben dich an, leichter umzusetzen und durchzuhalten.

4. Wen oder was brauche ich für die Umsetzung?

5. Wann genau (Datum oder Tag) setze ich um?

#quickMove

Stell' dir vor, dass alles genau JETZT umgesetzt ist. Gedanklich mit den passenden Emotionen und sei dankbar dafür (obwohl es nur in deinem Kopf ist.) Praktiziere dies vor jedem Einschlafen und direkt nach dem Aufwachen. Du stehst auf und gehst schlafen mit dem Gedanken, den Emotionen und der Dankbarkeit, dass es bereits umgesetzt ist und schaffst neue Denkmuster.

SICH VOM ACKER MACHEN

Manchmal ist es die Klarheit, die uns befreit,
die uns herausführt aus unserer Bequemlichkeit.

Kennst du diese Momente,
wenn du dich nicht gut fühlst und trotzdem bleibst?
Wenn du dich ärgerst und immer wieder schreist?
Wenn du die Bremse ziehen müsstest,
da aber nicht rauskommst,
als ob du es nicht besser wüsstest?

Ist es die Angst vor dem Alleinsein, die Angst zu versagen?
Ist es die Angst zu bereuen oder die anklagenden Aussagen?

Was verdammt hält mich zurück,
warum halte ich mich absichtlich fern von meinem Glück?

Ich bade mich in Selbstzweifeln tief,
bis da mal eine Stimme rief:
‚Was ist los, schau dich mal an,
wann fängst du endlich zu leben an?'

Mein Herz macht sich Platz mit nur einem Satz:
„Entfache das Feuer in dir und lebe im Jetzt und Hier."

„So einfach kann das doch nicht sein",
schaltet sich mein Verstand gleich ein.
Er sucht nach Gründen, einem Warum.

Das Herz antwortet: „Wen kümmert das schon?"
Das Herz sagt: „Du siehst ja, wie weit du
mit deinem Grübeln bist gekommen,
hast ihr jeden schönen Moment genommen."

Der Verstand zieht sich zurück,
das Herz breitet sich aus,
ist schon verrückt.
„Tief im Sein leben und die Sorgen aufgeben,
weniger grübeln und sich schöne Momente schenken."
Klarheit wächst und lässt mich entscheiden,
ich möchte Schmerz und Qualen vermeiden.

Die Gesundheit schaltet sich auch ein,
stellt mir hier und da ein Bein.
Bis ich endlich verstehe, dass ich besser allein weiter gehe.
Alles loszulassen, kostet mich auch sehr viel Kraft.
Mich nicht mehr aufzugeben, habe ich geschafft.

Die Entscheidung fällt in tiefer Klarheit,

ich wähle die direkte Abflugmöglichkeit,

blühe auf und fange an, wieder zu strahlen,

tanze, lache und starte mein Leben zu malen.

Mit bunten Stiften wild umher,

tobe ich mich aus und liebe als Single kreuz und quer.

Bin all die Jahre gewachsen und habe viel mitgenommen,

danke für die Zeit, ich habe so viel zurückbekommen.

Hier gibt es eine weitere Möglichkeit mit einem Thema umzugehen. **ENTSCHEIDUNGEN TREFFEN**

Im POETRY FIRE™ geht es um Entscheiden ohne Reue.

Möglicherweise fragst du dich: ‚Woher weiß ich, ob meine Entscheidungen richtig oder falsch sind?'

Sei dir bewusst: Fragst du andere Menschen, dann hörst du ihre Meinung, Erfahrungen und Erlebnisse. Übernimmst du ihre Handlungen, wirst du möglicherweise mehr Reue spüren, als bei eigenen Entscheidungen. ‚Wie treffe ich eigene Entscheidungen?'

Ein gutes Beispiel, sind Eltern, wenn sie ihren Kindern die besten Ratschläge geben, weil sie nicht wollen, dass sie die gleichen Fehler machen. Dann wundern wir uns, warum sie so übervorsichtig und manchmal unselbstständig sind.

Es ist nicht immer leicht zuzuschauen, wenn Menschen selbst erleben wollen und es ihnen dabei nicht gut geht. Du könntest in diesem Moment für sie da sein, Umarmung, Hinhören, ... sie ihre eigenen Erfahrungen sammeln lassen, in ihrer Sprache/ihrer Welt.

KOMMEN ANTWORTEN AUS DIR SELBST HERAUS, GIBT ES ZWEI WEGE. DEN VERSTAND UND DEIN HERZ bzw. DEINE INTUITION.

Dein Verstand lebt aus dem Unterbewusstsein. Bist du stark im Verstand, wird die Antwort aus deinen Erfahrungen und Erlebnissen heraus getroffen. Im Unterbewusstsein ist wie in einem Archiv ALLES, was du je mit deinen Sinnen erlebt hast, gespeichert. Der Verstand will immer Belege und Antworten für alles. Stellst du dir die Frage, warum und brauchst Antworten, dann weißt du, dass sich dein Verstand meldet.

Dein Herz gibt dir, ohne zu Hinterfragen oder Antworten zu wollen, einen Impuls. Bist du bereits im bewussten Wahrnehmen und kannst diesen allerersten Impuls spüren, dann antwortet dir dein Herz, deine Intuition bzw. dein Bauchgefühl. Je nachdem wie du es selbst nennen möchtest. Fragst du, bekommst du direkt ein JA oder NEIN, RICHTIG oder FALSCH, GUT oder SCHLECHT, ...

Das kennst du möglicherweise: Du hörst nicht auf diesen ersten Impuls von deinem Herz/Bauchgefühl und sagst dir im Nachhinein: ‚Hätte ich doch bloß ...‘, richtig?

Die Antwort aus deinem Herzen erfolgt aufgrund innerer und äußerer Umstände. Dein Herz besitzt die Fähigkeit über 183.000 Mal mehr pro Sekunde Informationen aufzunehmen und zu verarbeiten, als dein Verstand.

Quelle: Studie des Health Math Instituts in Colorado

HAB VERTRAUEN IN DICH SELBST! HÖR‘ AUF DEIN HERZ!

Ich möchte dir gerne eine Übung mitgeben, die dir hilft Entscheidungen zu treffen und eine Tür zu deinem Inneren öffnet:

1. Du benötigst mindestens 2 Begriffe, Themen, z.B. Geld und Angst oder Selbstliebe und Umsetzen, Name deines Partners (weiblich/männlich/divers) oder deines Kindes, ... Egal was, du nimmst deine Themen, worüber du mehr wissen möchtest.

2. Suche dir gleich große, gleichfarbige Zettel oder zerschneide ein Blatt Papier in gleichgroße Stücke.

3. Die Zettel sind alle gleich und verwechselbar!

4. Jedes Thema/Wort bzw. Jeder Begriff/Satz bekommt einen eigenen Zettel.

5. Falte die Zettel alle gleich und mische sie. Ziel ist es, dass du nicht mehr weißt, was wo steht.

6. Nummeriere die Zettel außen, um sie äußerlich zu unterscheiden, ohne zu wissen, was drinsteht.

7. Verschaffe dir Ruhe und bereite dich auf Spüren, Wahrnehmen, Beobachten vor.

8. Halte etwas zum Schreiben bereit oder bitte jemanden, alles aufzuschreiben, was du sagst.

9. Wähle intuitiv einen Zettel und schau`, was kommt, wo schaust du hin, willst du den Zettel anfassen oder ihn irgendwo anders hinlegen, was ist in dir los, wenn du den Zettel in der Hand hast oder an ihn denkst, nimm alles mit.

10. Notiere ALLES, egal was kommt.

11. Das führst du nun mit allen Zetteln durch.

12. Am Ende öffnest du die Zettel und schreibst zu deinen Nummern das Thema.

13. Jetzt, wo du das Thema kennst: Welche Erkenntnisse kommen noch aus deinem Bewusstsein? Schreibe es auf.

14. Jetzt weißt du, was du tief im Inneren über das auf den Zetteln stehende denkst.

Beispiel für die Entscheidungsübung Teil 1

Ausgangssituation

Wie stehe ich in meiner Selbständigkeit zu Unternehmen und ob kann ich mit meiner großen Aufgabe (die ich noch nicht kenne) Geld verdienen?

Durchführung

Ich nehme mir zwei gleichgroße weiße Zettel (Farbe ist egal, Hauptsache, sie ist gleich) und wähle die Themen:

UNTERNEHMEN und **MEINE GROSSE AUFGABE.**

Ich falte jeden Zettel gleich und mische beide so, dass ich nicht mehr weiß, was auf welchem Zettel steht. Jetzt schreibe ich außen auf den einen Zettel eine 1 und auf den anderen eine 2.

Ich nehme mir Zettel und Stift zur Hand oder nutze die Sprachfunktion vom Handy zum Aufnehmen meiner Wahrnehmungen. Ich notiere alles bzw. nehme alles auf. Jedes kleinste Detail kann mir hier helfen, mich zu entscheiden.

Zettel 2, intuitive Erstwahl: Ich umschließe den Zettel und fühle sofort eine Verbundenheit mit meine Herzen, ich schaue auf ein Bild mit einem großen rotem Herz, ich spüre Tiefe und Verbundenheit, eine große Aufgabe, ein Herzenswunsch, der schon lange in mir schlummert.

Zettel 1: Ich sehe eine Postkarte - NICHT IRGENDWANN-JETZT, ein Stein, der einen Glücksbringer darstellt, anderen Gutes tun, Sparschwein mit Herzen drauf – steht für mich für Geld verdienen, eine Muschel steht für Gehör finden und öffnen, Liebe und Herzen, ich schalte Musik an

Auflösung: 1 = Unternehmen, 2 = meine große Aufgabe

Beispiel für die Entscheidungsübung Teil 2

Meine Schlussfolgerung – Unternehmen als Kunden ist für mich eine Herzensangelegenheit, weil Auszeiten und weniger Druck dazu führen, dass Menschen wieder mehr Spaß und Energie haben (meine Vision) – mit meiner großen Aufgabe kann ich Geld verdienen und es ist jetzt an der Zeit loszulegen.

Ich habe VERTRAUEN in mich und meinen Weg, dass ich die nächsten Tage die passenden Impulse bekomme und sie auch bewusst wahrnehme.

Ich bekomme die nächsten Tage ständig mit Umsetzen in Berührung – meine große Aufgabe Menschen in Unternehmen Umsetzen erleben lassen und Auszeiten schaffen.

Du hast Fragen oder weißt nicht, was du mit den Notizen aus der Entscheidungsübung anfangen sollst?

Du möchtest am liebsten selbstbestimmt damit umgehen, oder?

Hier ein Tipp:

Stell' dir selbst Fragen, die viel Potenzial für Antworten haben und WICHTIG: Sei offen. Nimm' wahr. Beobachte.

Die Antworten werden dir quasi vor die Füße gelegt.

Mögliche Frage:

WAS KANN ICH TUN, DAMIT ...?

Beispiel:

Was kann ich tun, damit ich meine große Aufgabe finde?

Was kann ich tun, damit ich gesünder bin.

Die Antworten erscheinen in deinem Alltag, in einem Song, in einem Satz, wo ein Wort, deine Lösung hängen bleibt usw. Sei wachsam, was kommt und du erhältst spielend leicht deine Antworten. Ich liebe es diese Frage zu stellen und selbstbestimmt MEINE Antworten, die sich super gut anfühlen, zu erhalten.

#quickMove

Vermeide in diesem Fall die Frage: WARUM ... z. B. Warum ist das passiert? Warum immer ich? ...

Denn wie fühlst du dich in diesem Fall bei der WARUM Frage?

Einige Menschen, mit denen ich ins Erleben gegangen bin, winden sich in Schuldgefühlen und Erlebnissen aus der Vergangenheit. Das bringt dich nicht wirklich weiter, richtig?

**Welche Erkenntnisse hast du aus den letzten Seiten ge-
sammelt? Schreibe es hier auf:**

Als umsetzungsstarker Mensch, fragst du dich hier jetzt noch
eine weitere Frage:
**Was fange ich mit den Erkenntnissen an? Schreibe die
Schritte auf und schaffe eine Verbindlichkeit (Datum)
für die Umsetzung.**

DER KAMPF

Du weißt nicht mehr weiter, das kann ich verstehn.
Du bist müde und würdest gern gehn.
Sei geduldig im Jetzt und Hier,
wir finden gemeinsam die Liebe in dir.

Liebe selbst nicht spüren und müde sein, ist gerade okay,
ich weiß genau, den inneren Kampf loslassen, tut weh.
Ich weiß auf lange Sicht, alles wird gut.
Aktuell fehlen dir vermutlich Sinn und Mut.

Ich weiß, du kannst es schaffen,
dafür musst du nur ablegen die Waffen.
Die Waffen sind gerichtet auf dich,
nehmen Dir deine Liebe und geben Dir Druck und Pflicht.
Ich weiß du kannst es schaffen,
fang an, loszulassen und dich aufzuraffen.

Ich bin für da für dich,
deine Probleme verlieren an Gewicht.
Lust mit mir den Weg zu gehen?
Momente aus einem anderen Blickwinkel sehen?
Dein Herz das lebt und ist gerecht,
ich freu mich, dich zu begleiten, ganz doll und echt.

Was kommt alles, in dir hoch. Schreibe oder male es:

Wer bist du **MIT** den Gedanken, Emotionen, Bildern?

Was fühlst, siehst, denkst du? Z.B. Ich fühle mich schlecht. Was bedeutet schlecht?
Wie eine Schwere lastet auf mir. Was macht diese Schwere mit mir? Sie löst in mir
Anhängigkeit aus, das engt mich ein. LIES DIR ALLES DURCH bzw. SCHAU DIR DEIN
BILD AN. Erlebe es.

Wer bist du <u>OHNE</u> die Gedanken, Emotionen, Bildern?

Was fühlst, siehst, denkst du? Z.B. Ich fühle mich gut. Was bedeutet gut? Wie ein Wind, der durch mich weht. Was macht das mit dir? Es macht mich glücklich. LIES DIR ALLES DURCH bzw. SCHAU DIR DEIN BILD AN. Erlebe es.

Nutze die folgenden 5 Schritte für ein direkte Umsetzung.

1. **Was möchte ich nicht mehr?**

2. **Was möchte ich stattdessen?**

3. **Warum möchte ich 2.?** (z.B. ich fühle mich leichter, freier, zufriedener ...) Diese Antworten treiben dich an, leichter umzusetzen und durchzuhalten.

4. **Wen oder was brauche ich für die Umsetzung?**

5. **Wann genau (Datum oder Tag) setze ich um?**

#quickMove
Stell' dir vor, dass alles genau JETZT umgesetzt ist. Gedanklich mit den passenden Emotionen und sei dankbar dafür (obwohl es nur in deinem Kopf ist.) Praktiziere dies vor jedem Einschlafen und direkt nach dem Aufwachen. Du stehst auf und gehst schlafen mit dem Gedanken, den Emotionen und der Dankbarkeit, dass es bereits umgesetzt ist und schaffst neue Denkmuster.

ANGEKOMMEN

Es ist so schön, so weit so nah.
Mein Herz vibriert. Es ist bereits alles da.

Ich schaff' das nicht und fühl' mich klein,
mein Ego groß, winzig mein Sein.
Lächeln habe ich vergessen,
weggeschoben habe ich meine Interessen.

Ich kann mich spüren voll und ganz,
fühle mein Strahlen, meinen Glanz.

Früher hätte ich nie dazu öffentlich gestanden.
Das kann ich doch nicht sagen.
Heute weiß ich, wo ich kann landen.

Wenn ich mir immer selbst vormache eine Geschicht',
vom Fähnchen im Wind, hin zu selbstbestimmt,
fällt irgendwann tief ins Gewicht.

Hier gibt es eine weitere Fragemöglichkeit:

Wonach ist dir GENAU JETZT?
Tu` es: Ja, du liest richtig. TU` DIR ETWAS GUTES!

Das Ergebnis nach dem Erlebnis? Mehr Ruhe, Gelassenheit, Zufriedenheit, Gesundheit, Freiheit, Leidenschaft, Liebe, ...

Los geht's. Ich warte hier auf dich.

Wie wäre es, wenn du dir regelmäßig diese Frage stellst
WONACH IST MIR GENAU JETZT? und es direkt umsetzt?

Während du möglicherweise darüber nachdenkst, wofür das gut sein soll, teile ich dir feierlich mit, dass es deinen **Stress reduziert**, mehr **Gesundheit erlebst**, du mehr ins **bewusste Wahrnehmen** kommst und erlebst wie es ist, **dir selbst Vertrauen** zu **schenken**.

Wie liest sich das für dich? Schreibe auf, was kommt:

VOM FÄHNCHEN IM WIND ZU SELBSTBESTIMMT

Ich tue dies und tue das und merke gar nicht mehr für was.
Ich mache, was andere mir sagen, ganz ohne zu Hinterfragen.

Ich habe mich verloren voll und ganz,
verliere mein Strahlen, meinen Glanz.

Ich verpasse es, immer wieder dran zu bleiben,
mein Körper beginnt zu leiden.

Schmerzen, schlechte Laune missachte ich,
ich ignoriere mich.
Ich schufte und gebe mich völlig auf,
im Job legt man keinen Wert darauf.
Ich verstehe nicht warum und werde immer wieder stumm.

Der Alltag bremst mich am Unternehmen,
ich lass' mich immer wieder lähmen.

Ohne Stimme, lautlos, still,
überhöre ich oft, was mein Inneres wirklich will.

Da sind Funken ab und zu, das lässt mir keine Ruh'.
Ich schreibe Gedanken auf Papier, Dinge lösen sich in mir.

Fokussiert im Jetzt und Hier,
wecke ich das Feuer in mir.
Pfeife auf das Fähnchen im Wind
und lebe selbstbestimmt.

Ich lasse mich von meinem Herzen lenken,
bin mir am Momente schenken.
Kribbeln hier, Kribbeln da, fühlt sich gut an, wunderbar.

Der Verstand grätscht immer wieder rein,
lass' es endlich einfach sein.
Fall' nicht auf, pass' dich an.
Ich werde die sein, die wieder lacht,
die sich den Alltag schöner macht.
Ich halte durch, bleibe dran,
es fühlt sich sooooo befreiend an.

Ich spüre, mein Herz, eine unbändige Kraft,
Liebe, Stimme, fabelhaft.
Ich spüre, mein Herz, eine unbändige Kraft,
Liebe, Stimme, fabelhaft.

Ich lasse mich nie mehr im Stich.
Ich liebe meine Stimme, ich liebe mich.

Fokussiert im Jetzt und Hier,
wecke ich das Feuer in mir.
Pfeife auf das Fähnchen im Wind
und lebe selbstbestimmt.

Ich lebe im JETZT und HIER,
öffne mein Herz und stehe zu mir.

Ich lebe im Jetzt und Hier,
hör' auf mein Herz und bin bei mir,
hör' auf mein Herz und bin bei mir,
hör' auf mein Herz und bin bei mir.

Was kommt alles, in dir hoch. Schreibe oder male es:

Wer bist du __MIT__ den Gedanken, Emotionen, Bildern?

Was fühlst, siehst, denkst du? Z.B. Ich fühle mich schlecht. Was bedeutet schlecht? Wie eine Schwere lastet auf mir. Was macht diese Schwere mit mir? Sie löst in mir Anhängigkeit aus, das engt mich ein. LIES DIR ALLES DURCH bzw. SCHAU DIR DEIN BILD AN. Erlebe es.

Wer bist du <u>OHNE</u> die Gedanken, Emotionen, Bildern?

Was fühlst, siehst, denkst du? Z.B. Ich fühle mich gut. Was bedeutet gut? Wie ein Wind, der durch mich weht. Was macht das mit dir? Es macht mich glücklich. LIES DIR ALLES DURCH bzw. SCHAU DIR DEIN BILD AN. Erlebe es.

Nutze die folgenden 5 Schritte für eine direkte Umsetzung.

1. Was möchte ich nicht mehr?

2. Was möchte ich stattdessen?

3. Warum möchte ich 2.? (z.B. ich fühle mich leichter, freier, zufriedener ...) Diese Antworten treiben dich an, leichter umzusetzen und durchzuhalten.

4. Wen oder was brauche ich für die Umsetzung?

5. Wann genau (Datum oder Tag) setze ich um?

#quickMove

Stell' dir vor, dass alles genau JETZT umgesetzt ist. Gedanklich mit den passenden Emotionen und sei dankbar dafür (obwohl es nur in deinem Kopf ist.) Praktiziere dies vor jedem Einschlafen und direkt nach dem Aufwachen. Du stehst auf und gehst schlafen mit dem Gedanken, den Emotionen und der Dankbarkeit, dass es bereits umgesetzt ist und schaffst neue Denkmuster.

DER PHOENIX AUS DER ASCHE

Ich weiß weder ein noch aus,
fühl' mich gefangen wie in einem Haus.

Dinge, die mich im Alltag nerven,
Wände die mich einschränken und meine Emotionen schärfen.

Ich finde den Ausweg nicht, die Türen sind zu,
trau' mich nicht durchzugehen, finde keine Ruh'.

Angst überkommt mich, denke ich an morgen.
Was wird sein, bin ich allein?
Es überkommen mich tiefe Ängste und Sorgen.

Wie soll ich alles schaffen, bin immer wieder am aufraffen.
Ich schaffe es nicht, breche fast zusammen
und bin kurz davor aufzugeben.
Dabei bin ich Optimist, kreativ, spontan
und am nach oben streben?

Dann ist da ein Funke, plötzlich in mir, rüttelt mich wach.
Was ist das? Es wird warm und größer jeden Tag.

Ich beobachte, gebe dem Funken Raum,
es ist wie in einem Traum.
Irgendwas in mir sagt – ‚WEITER SO, BLEIBE DRAN.
Fang an dich zu fühlen, an dich zu glauben,
statt müde zu sein und dir den letzten Nerv zu rauben.‘

‚Wach auf und lebe dein Leben, JETZT‘,
spricht es immer zu in mir.
Wie soll ich es machen? Ist so trüb alles hier.

Ich weiß nicht wo und wie und wann,
wie schnell alles gehen kann?
Das Warten frisst mich auf,
Geduld war noch nie meine Stärke.
Jetzt kommt grad wieder eine Stimme:
‚Was sind deine Werte?‘

Keine Ahnung, was ist das schon wieder?
Ein erneuter Impuls, ich knie nieder.

Ich sitze da, ohne Musik, ohne jeglichen Ton,
bemerke meinen Atem, spüre mich schon.
Anspannung, Nebel, Unruhe, Unzufriedenheit,
mit jedem Atemzug plötzlich mehr Ruhe,
ich sein, Gelassenheit.

Dann wieder diese Stimme:

‚Mach‘ es jeden Tag und fühl‘ in dich rein.

Das verkürzt und erleichtert das Warten

und ermöglicht dir zu sein.‘

‚Das Licht am Ende, ist der Anfang,

es gibt viele davon, sei nicht bang.

Lebe den Moment, den Tag, dein Sein,

glaube an dich, denke positiv und genieße den Sonnenschein.

Den Sonnenschein deines Lebens,

nimm auch die Schatten mit.

Nimmst du die Momente an, wird das ein Hit.‘

Ich bin gefangen noch immer,

es tut weh, ich spüre es, rauskommen - wie?

Ich habe keinen Schimmer.

Ich bin so hart zu mir, verurteile jeden Schritt.

‚Hey, glaub an dich, komm da raus und gib dir einen Tritt.‘

Ich nehme an, akzeptiere wie ich bin.

Es tut mir leid, ich entschuldige mich, alles ergibt einen Sinn.

Ich verzeihe alles Negative und böse in mir,

all die Wut, die mich werden lässt zu einem Tier.

Ich verzeihe mir, weil ich mich schuldig fühle,

mich oft klein mache und in Problemen wühle.

Ich respektiere mich und ich respektiere dich.
Meine Welt und deine Welt hat Platz herum um mich.
Ich vertraue mir und meinem Leben,
alles fließt, in Balance sind Nehmen und Geben.

Ich nehme an, was ist, bin im Moment,
lebe das JETZT und nehme an, wenn mich was hemmt.
Liebe ist da und eine unbändige Kraft,
die mich immer wieder wach hält,
mich voranbringt und befreit von jeder Last.

Danke für diesen Moment, das Wunder, mein Sein,
für den Schatten, für die Erfahrungen, für den Sonnenschein.

Ich kann nur eine Sache denken,
auf Fülle oder Mangel kann ich meinen Fokus lenken.
Ich entscheide mich fürs Danken,
für das was ich bin und setze mir keine Schranken.

Habe mein Leben klar im Blick, bin darüber sehr entzückt.
Ich blicke lachend in die Welt, es ist echt verrückt.
Meine Welt besteht aus tanzen, lachen, einfach machen.
Einfach sein und spüren, was ich will,
es ist so einfach und oft so schön still.

Im Jetzt sein, hilft mir weniger zu denken,
mir mehr Momente im Sein zu schenken.
Es ist wirklich ein Geschenk zu sein,
darüber freue ich mich, aus nebelig wird plötzlich rein.

Klar Entscheidungen zu treffen und klarer Blick.
Mein Leben, jeder Moment wertvoller als ein Goldstück.

Ich spüre in mir, mich.
Ich höre auf meine Stimme und sehe dich.
Ich spüre Liebe zu mir und zu dir.
Selbstgefunden und angenommen, habe ich Platz für ein WIR.

Heute beobachten, statt interpretieren,
die Welt des anderen respektieren.
Herz statt Schuldgefühle spüren,
einfach sein, statt unnütz und sinnlos diskutieren.

Im Jetzt leben jeden Moment. Regelmäßig lachen,
Atmen und zu mir finden,
annehmen, loslassen und auch mal verschwinden.
Ruhige Momente für mich allein.

EINFACH SEIN.

Was kommt alles, in dir hoch. Schreibe oder male es:

Wer bist du <u>MIT</u> den Gedanken, Emotionen, Bildern?

Was fühlst, siehst, denkst du? Z.B. Ich fühle mich schlecht. Was bedeutet schlecht?
Wie eine Schwere lastet auf mir. Was macht diese Schwere mit mir? Sie löst in mir
Anhängigkeit aus, das engt mich ein. LIES DIR ALLES DURCH bzw. SCHAU DIR DEIN
BILD AN. Erlebe es.

Wer bist du <u>OHNE</u> die Gedanken, Emotionen, Bildern?

Was fühlst, siehst, denkst du? Z.B. Ich fühle mich gut. Was bedeutet gut? Wie ein Wind, der durch mich weht. Was macht das mit dir? Es macht mich glücklich. LIES DIR ALLES DURCH bzw. SCHAU DIR DEIN BILD AN. Erlebe es.

Nutze die folgenden 5 Schritte für eine direkte Umsetzung.

1. **Was möchte ich nicht mehr?**

2. **Was möchte ich stattdessen?**

3. **Warum möchte ich 2.?** (z.B. ich fühle mich leichter, freier, zufriedener ...) Diese Antworten treiben dich an, leichter umzusetzen und durchzuhalten.

4. **Wen oder was brauche ich für die Umsetzung?**

5. **Wann genau (Datum oder Tag) setze ich um?**

#quickMove

Stell' dir vor, dass alles genau JETZT umgesetzt ist. Gedanklich mit den passenden Emotionen und sei dankbar dafür (obwohl es nur in deinem Kopf ist.) Praktiziere dies vor jedem Einschlafen und direkt nach dem Aufwachen. Du stehst auf und gehst schlafen mit dem Gedanken, den Emotionen und der Dankbarkeit, dass es bereits umgesetzt ist und schaffst neue Denkmuster.

DAS FEUER IN MIR

Finde ich Ruhe für mich und distanziere ich mich von dir,
entfache ich das Feuer in mir.

Ist das Feuer entfacht, habe ich eine riesige Macht.

Aber nur Macht über mich, keine Macht über dich.

Bin ich voll bei mir, erst dann, finde ich den Weg zu dir.

Kannst du dir das vorstellen, wie das wäre?
Oder spürst du gerade eine beängstigende Leere?

Ist morgens aufstehen oft eine Qual?
Frage dich: ‚Was ist meine Wahl?'

Was könnte ich beim Aufwachen denken,
um mir die schönsten Momente meines Lebens zu schenken?

Was steht mir im Weg, was hält mich auf?
Was gibt mir Kraft oder was saugt mich aus?

Du willst was verbessern und
möglicherweise ein Business betreiben?
Wie soll das gehen, mit Ausreden,
Klagen und ständigem Leiden?

Wenn du zulässt, dass deine Sorgen und Ängste dich überrollen,
kommst du nicht ins Wollen.
Ist das Wollen nicht groß genug,
findest du auch selten den nötigen Mut.

Mut zu starten und Mut etwas zu tun,
stattdessen Ausreden: „Ich kann dieses
oder jenes nicht, ich muss ruhn."
Mal ehrlich, worauf willst du warten?
Wen oder was brauchst du, um zu starten?

Du sagst: „Ich werde nicht gehört, nicht gesehen,
kann die Menschen ich erreichen,
jeder Tag ist trostlos,
wer kann mir setzen meine Weichen?"

Du suchst den Sinn in deinem Leben,
es muss doch etwas für dich geben?
Willst weiterhin stärken dein Ego als Gewinner.
Ich sag dir, alles wird dadurch viel schlimmer.

Du wirst erstmal tief sinken,

dazu gehört Maske runter, Perfektion kleiner,

dann wächst dein Charisma und du startest zu blinken.

Das klingt unerreichbar in deinen Ohren?

Du hast dein Leben selbst erschaffen und alles so auserkoren.

Du allein schaffst deine Welt, du allein machst dich zum Held.

Es ist nicht das Außen, was dich kreiert.

Du bist der Mensch, der dich inspiriert.

In dir tief vergraben, liegt dein größter Schatz.

Es ist einfach zu sagen, nur ein Satz.

„Ich entfache das Feuer in mir."

Einfach zu sagen, hast du dazu noch Fragen?

Es ist das Feuer in dir, was du entfachst.

Es erleichtert dich, du fühlst dich freier und lachst.

Hast du den Mut raus zu gehen, Fehler zu machen

und Erfahrungen zu sammeln,

statt Ausreden zu haben und herumzugammeln?

Während du dich fragst: ‚Wie soll das gehen,
ich brauche immer Sicherheit und
muss fest mit beiden Beinen auf dem Boden stehen?'

Ich frage dich: „Was hält dich gerade am Leben?
Sind es die Lust und Laune nach oben zu streben,
oder anderen Menschen zu viel von deiner Energie zu geben?

Was hält dich hier, was lässt deine Flamme am Leben halten?
Willst du etwas erleben und
dein Potential entfalten?"

Im kleinen Prinzen stehts geschrieben,
‚Die Vergangenheit ist vergangen, die Zukunft kennen wir nicht,
der Moment gehört uns.'

Fragst du dich wie kann ich das schaffen?
Meine Antwort ist: „Keine Ausreden mehr und aufraffen."

Entfache die Funken in dir.
die Frage ist, wie viel bist du bereit zu geben,
um frei, liebend, zufrieden zu leben?

Was ist gut und was ist schlecht?
Wer beurteilt das, wer ist im Recht?

Bist du es möglicherweise selbst, der sich im Weg steht?
Perfektion, Grenzen setzen und sich den ganzen Scheiß auflädt?

Statt dich zu spüren, zu erleben,
BUM BUM, BUM BUM, dein Herz fängt jetzt an, zu beben,
wenn du an deine Wünsche denkst,
während du den Fokus auf eine Sache lenkst.

Schritt für Schritt, das ist der Trick.
Funken entfachen, Flammen spüren,
dann fängt alles an, in dir zu vibrieren.
Aber sei auf der Hut und gib acht,
dass es in und um dir nicht kracht.

Hör' auf dein Herz und mach, was es sagt.
Es sendet dir Zeichen, was dir guttut und was dich plagt.
Das gesunde Maß an Power und Ruhe,
genieße jeden Moment und zieh' aus deine Schuhe.

Spüre dich, deinen Atem und den Boden unter deinen Füßen,
starte genau jetzt dein Leben zu genießen.

Entfache das Feuer in dir! Was entfachst du jetzt und hier?
„ICH ENTFACHE GENAU JETZT DAS FEUER IN MIR!"

Was kommt alles, in dir hoch. Schreibe oder male es:

Wer bist du __MIT__ den Gedanken, Emotionen, Bildern?

Was fühlst, siehst, denkst du? Z.B. Ich fühle mich schlecht. Was bedeutet schlecht? Wie eine Schwere lastet auf mir. Was macht diese Schwere mit mir? Sie löst in mir Anhängigkeit aus, das engt mich ein. LIES DIR ALLES DURCH bzw. SCHAU DIR DEIN BILD AN. Erlebe es.

Wer bist du <u>OHNE</u> die Gedanken, Emotionen, Bildern?

Was fühlst, siehst, denkst du? Z.B. Ich fühle mich gut. Was bedeutet gut? Wie ein Wind, der durch mich weht. Was macht das mit dir? Es macht mich glücklich. LIES DIR ALLES DURCH bzw. SCHAU DIR DEIN BILD AN. Erlebe es.

Nutze die folgenden 5 Schritte für eine direkte Umsetzung.

1. Was möchte ich nicht mehr?

2. Was möchte ich stattdessen?

3. Warum möchte ich 2.? (z.B. ich fühle mich leichter, freier, zufriedener ...) Diese Antworten treiben dich an, leichter umzusetzen und durchzuhalten.

4. Wen oder was brauche ich für die Umsetzung?

5. Wann genau (Datum oder Tag) setze ich um?

#quickMove

Stell' dir vor, dass alles genau JETZT umgesetzt ist. Gedanklich mit den passenden Emotionen und sei dankbar dafür (obwohl es nur in deinem Kopf ist.) Praktiziere dies vor jedem Einschlafen und direkt nach dem Aufwachen. Du stehst auf und gehst schlafen mit dem Gedanken, den Emotionen und der Dankbarkeit, dass es bereits umgesetzt ist und schaffst neue Denkmuster.

ZUM MUTTERTAG - ATEMLOS

Du wirst geboren in einer Stadt,
hast das Leben alleine ganz schnell satt.
Du findest einen Mann und machst zwei Kinderlein,
dein Leben ist nicht einfach, du liebst den Sonnenschein.
Was du gerne tust, bleibt stehn,
deine Zeit für dich muss gehn.

Was auch immer jetzt geschieht, du bist voll beliebt.
Atemlos durch den Tag, Schluss ist mit der ganzen Plag.
Atemlos einfach frei, löst du alles wie Zauberei.
Atemlos einfach da, sehe ich dich als Superstar.
Atemlos ist vorbei, Platz für Tanzen ist jetzt frei.

Dein Leben ist ein Rhythmus, frei bewegst du dich jetzt.
Ich steh' fest im Leben, ich danke dir.
Wir sind eng verbunden, können uns verstehen,
komm nimm' meine Hand und steh zu dir.
Du hast den Rhythmus in mir gelegt,
dass sich bei mir alles harmonisch bewegt.
Was du alles tust, ist wie Zauberei,
es sieht alles so aus, als ob's ein Leichtes sei.

Wie machst du das nur allein, verlierst immer wieder dein Sein.

Immer ist alles bereit zur rechten Zeit.

Atemlos durch den Tag, Schluss ist mit der ganzen Plag.

Atemlos einfach frei, löst du alles wie Zauberei.

Dein Leben ist ein Rhythmus, frei bewegst du dich jetzt.

Ich steh' fest im Leben, ich danke dir.

Wir sind eng verbunden, können uns verstehn,

komm nimm' meine Hand und steh zu dir.

Atemlos durch den Tag, Schluss ist mit der ganzen Plag.

Atemlos einfach frei, löst du alles wie Zauberei.

Atemlos durch den Tag, Schluss ist mit der ganzen Plag.

Atemlos einfach frei, löst du alles wie Zauberei.

Dein Leben ist ein Rhythmus, frei bewegst du dich jetzt.

Ich steh' fest im Leben, ich danke dir.

Wir sind eng verbunden, können uns verstehn,

komm nimm' meine Hand und steh zu dir.

ATEMLOS

Bist du auch häufig atemlos und findest dich in den Worten wieder?

Fülle die nächsten Seiten mit deinen Worten und Bildern und finde heraus, wie mehr DU auf dieser Welt sein darf und weniger fremdbestimmt sein.

Was kommt alles, in dir hoch. Schreibe oder male es:

Wer bist du <u>MIT</u> den Gedanken, Emotionen, Bildern?

Was fühlst, siehst, denkst du? Z.B. Ich fühle mich schlecht. Was bedeutet schlecht?
Wie eine Schwere lastet auf mir. Was macht diese Schwere mit mir? Sie löst in mir
Anhängigkeit aus, das engt mich ein. LIES DIR ALLES DURCH bzw. SCHAU DIR DEIN
BILD AN. Erlebe es.

Wer bist du <u>OHNE</u> die Gedanken, Emotionen, Bildern?

Was fühlst, siehst, denkst du? Z.B. Ich fühle mich gut. Was bedeutet gut? Wie ein Wind, der durch mich weht. Was macht das mit dir? Es macht mich glücklich. LIES DIR ALLES DURCH bzw. SCHAU DIR DEIN BILD AN. Erlebe es.

Nutze die folgenden 5 Schritte für eine direkte Umsetzung.

1. Was möchte ich nicht mehr?

2. Was möchte ich stattdessen?

3. Warum möchte ich 2.? (z.B. ich fühle mich leichter, freier, zufriedener ...) Diese Antworten treiben dich an, leichter umzusetzen und durchzuhalten.

4. Wen oder was brauche ich für die Umsetzung?

5. Wann genau (Datum oder Tag) setze ich um?

#quickMove

Stell' dir vor, dass alles genau JETZT umgesetzt ist. Gedanklich mit den passenden Emotionen und sei dankbar dafür (obwohl es nur in deinem Kopf ist.) Praktiziere dies vor jedem Einschlafen und direkt nach dem Aufwachen. Du stehst auf und gehst schlafen mit dem Gedanken, den Emotionen und der Dankbarkeit, dass es bereits umgesetzt ist und schaffst neue Denkmuster.

ZUM VATERTAG

Die Liebe einer Mutter ist bedingungslos.
Die Liebe eines Vaters ist endlos.
Einen Papa hat wohl jeder, doch den besten habe ich,
er ist da, wenn ich ihn brauche und lässt mich nie im Stich.

Papa, du bist einer, der vieles kann,
für mich bist du ein kluger Mann.
Egal was ist, du kennst dich aus,
weißt, wo es steht und suchst es raus.

Du bist mein Superheld, du brauchst keinen Umhang,
denn du bist immer da und findest den Ausgang.
Mit dir konnte ich fliegen und alles von oben sehn,
du gabst mir genug Kraft mit beiden Beinen
auf dem Boden zu stehen.
Du gibst mir Stärke, Fokus und Mut,
ein Mensch wie du, tut einfach gut.
Du bist mein Ursprung, mein Vertrauen und gibst mir Kraft,
meine Augen strahlen, voller Energie,
mal ganz ruhig und oft lebhaft.

Drum sag' ich dir an diesem Tag,
wie sehr ich dich im Herzen trag.

Eltern sein ist nicht immer einfach, Kind sein ebenso.

Je nachdem wie du aufgewachsen bist, möchtest du möglicherweise vieles anders/besser machen. Solltest du schlechte Erfahrungen als Kind mit deiner Mutter oder deinem Vater erlebt haben, verarbeite einen Teil davon mit der Heilung des INNEREN KINDES.

Eines möchte ich dir gern auf deiner Reise mitgeben: Dein Vater/deine Mutter hat häufig das weitergegeben, was er/sie selbst erhalten oder erlebt hat. Sie tun alles aus positiver Absicht, was sich für dich möglicherweise nicht immer richtig anfühlt.

Heilung INNERES KIND

Stell' dir nun vor, wie du es gerne gehabt hättest. Visualisiere es, als ob es genau so geschehen ist.

1. Denke an eine für dich negative Situation mit deinem Elternteil– z.B. nicht in den Arm genommen werden, wenn du traurig warst.

2. Schreibe auf, was alles dazu kommt, Emotionen, Bilder, Gedanken, Erinnerungen. Du kannst auch einfach die Augen schließen und es dir vorstellen.

3. Mit Refraiming (Umdeutung) stellst du dir die Situation so vor, wie du es gerne gehabt hättest. Du siehst und spürst es in dir. Du siehst dich als Kind weinen und dein Elternteil nimmt dich in den Arm. Du spürst die Wärme und kannst es unterstützen, indem du dich in echt selbst umarmst.

4. Nimm wahr und spüre, wie es sich anfühlt.

TEIL 1 HEILUNG MIT H'OOPONOPONO (Ursprung: Hawaii)

Bedeutung: „in Ordnung bringen", geistige Reinigung, traditionelles, Verfahren der Hawaiianer zur Aussöhnung und Vergebung.

1. **Es tut mir leid.**
   - Beschreibe, was dir leidtut.
2. **Ich verzeihe dir.**
   - Beschreibe, wem du was verzeihst.

   Ich verzeihe mir.
   - Beschreibe, wem du was verzeihst.
3. **Ich liebe dich.**
   - Beschreibe, was es im Detail bedeutet, was es in dir auslöst. Stell` dir vor, du empfindest Nächstenliebe.

   Ich liebe mich.
   - Was bedeutet das im Detail? Stell` dir vor, du kannst diese Liebe spüren.
4. **Ich danke dir.**
   - Beschreibe, für was du dich bedankst.

   Ich danke mir.
   - Beschreibe, für was du dich bedankst.

Du verarbeitest du und erlebst innere Heilung. Wiederhole die 4 Punkte in der Tiefe, so lange bis du nicht mehr emotional mit dem Thema verbunden bist. Gedanklich kann es noch präsent sein. Ungefähr so, als ob es jemand anderen betrifft.

HEILUNG TEIL 2 – Verbindung herstellen

- Stell' dir vor, du stehst deinem Elternteil gegenüber. Was kommt alles hoch? Nimm es wahr.

- Jetzt sage dir: ‚Ich weiß, dass alles, was du tust aus positiver Absicht getan hast, auch wenn ich das nicht so empfunden habe. Ich weiß, dass du alles so machst, wie du es selbst erlebt hast.

- Du sendest nun von deinem Herzen einen Strahl voll Liebe, Nächstenliebe, in das Herz deines Elternteils. Nimm dir Zeit, spüre wie du sendest. Der Strahl ist nur eine Idee, fällt dir etwas anderes ein, dann setze deine Idee um.

- Nimm wahr, wie dein Elternteil auf die Nächstenliebe reagiert. Spüre in dir, was sich verändert.

- Wiederhole beide Übungen, Reframing und Heilung solange bis du reine Liebe empfindest bzw. keine negativen Emotionen mehr empfindest. In deinen Gedanken wird es vermutlich weiter präsent sein, es beeinflusst aber nicht mehr dein Leben.

Du kannst es mit allen Personen oder Dingen machen, womit du Konflikte erlebst oder in Disharmonie bist.

Welche Erkenntnisse hast du aus Heilung Teil 1 und 2? Schreibe sie hier auf.

Was machst du mit deinen Erkenntnissen? Schreibe es hier auf.

WE ARE SHINING

RAP FÜR VERANSTALTUNG LICHTER DER NEUEN ZEIT

Im Hörbuch live als Rap :-).

Mehr Freude, Spaß, wie wäre das?
Leichtigkeit, Freiheit und Energie wie nie?

WE ARE, WE ARE SHINING. Genau JETZT!
WE ARE, WE ARE SHINING. Kannst du es sehn?

Erst spürst du Entspannung,
es kribbelt auf der Haut, es folgt der Schwung.

Dann hast du Kraft fürs Netzwerken,
baust dein Team auf und lebst deine Stärken.

Du lebst deine Werte und spürst Begeisterung.
In dein Leben kommt jetzt noch mehr Schwung.

Verbindest Herz und Verstand,
lebst Bewusst, ganz entspannt.

Bleibst in Verbindung mit deinem Herzen,
hast Spaß, strahlst wie Millionen Kerzen.

WE ARE, WE ARE SHINING. Genau JETZT!
WE ARE, WE ARE SHINING. Kannst du es sehn?

Bist du soweit? Bist du bereit?
Für so viel mehr Leichtigkeit?
Ich frage dich jetzt. Bist du soweit?
Bist du wirklich schon bereit?
Für so viel mehr Leichtigkeit?

Ich lebe im JETZT und HIER,
öffne mein Herz und stehe zu mir.

Ich lebe im JETZT und HIER,
hör' auf mein Herz und bin bei mir.

Dankbar, stehe ich hier,
in voller Liebe, tief in mir.

Strahlend wie ein Stern, stehen wir hier,
erfüllt voller Liebe ein starkes WIR.

Was kommt alles, in dir hoch. Schreibe oder male es:

Wer bist du <u>MIT</u> den Gedanken, Emotionen, Bildern?

Was fühlst, siehst, denkst du? Z.B. Ich fühle mich schlecht. Was bedeutet schlecht? Wie eine Schwere lastet auf mir. Was macht diese Schwere mit mir? Sie löst in mir Anhängigkeit aus, das engt mich ein. LIES DIR ALLES DURCH bzw. SCHAU DIR DEIN BILD AN. Erlebe es.

Wer bist du <u>OHNE</u> die Gedanken, Emotionen, Bildern?

Was fühlst, siehst, denkst du? Z.B. Ich fühle mich gut. Was bedeutet gut? Wie ein Wind, der durch mich weht. Was macht das mit dir? Es macht mich glücklich. LIES DIR ALLES DURCH bzw. SCHAU DIR DEIN BILD AN. Erlebe es.

Nutze die folgenden 5 Schritte für eine direkte Umsetzung.

1. Was möchte ich nicht mehr?

2. Was möchte ich stattdessen?

3. Warum möchte ich 2.? (z.B. ich fühle mich leichter, freier, zufriedener ...) Diese Antworten treiben dich an, leichter umzusetzen und durchzuhalten.

4. Wen oder was brauche ich für die Umsetzung?

5. Wann genau (Datum oder Tag) setze ich um?

#quickMove

Stell' dir vor, dass alles genau JETZT umgesetzt ist. Gedanklich mit den passenden Emotionen und sei dankbar dafür (obwohl es nur in deinem Kopf ist.) Praktiziere dies vor jedem Einschlafen und direkt nach dem Aufwachen. Du stehst auf und gehst schlafen mit dem Gedanken, den Emotionen und der Dankbarkeit, dass es bereits umgesetzt ist und schaffst neue Denkmuster.

UMSETZEN UND GELASSEN ZURÜCK LEHNEN

Ist es Angst, die mich überrollt

oder der Verstand der schmollt?

Was ist los?

Was ich brauche, ist alles da. Ich war mir noch nie so nah.

Vielleicht sollte ich mehr an mich glauben,

statt Energie zu verschwenden und

mir immer den letzten Nerv zu rauben.

Weniger Stress, Sorgen und Schmerz,

vielleicht Platz machen für mehr Spaß, Atempausen und Herz.

Zweifel, Angst und Druck einfach annehmen,

und mich öfter gelassen mit einem Lächeln zurücklehnen?

Erschaffe deine Realität. Eine weitere Methode und Fragemöglichkeit:

Welche eine Sache schiebst du schon lange vor dir her? Schreibe es hier auf:

Was hindert dich daran, es nicht umzusetzen?

1. Stell' dir mal vor, du hast es bereits umgesetzt.

Welche Gedanken, und Bilder kommen dir dazu?

2. Stell' dir mal vor, du hast es bereits umgesetzt.

Welche Emotionen kommen hoch? Wie geht es dir, wenn du es erlebst im Hier und JETZT? Schreibe oder male es hier auf:

3. Sei dankbar dafür, was noch nicht ist.

Stell' dir vor, es würde bereits geschehen sein und du bedankst dich dafür. Wie sieht deine Dankbarkeit aus? Erlebe diese Dankbarkeit genau jetzt.

Zusammenfassung - Erschaffe dir so deine Realität:
1. **Gedanken und Bilder** zu deinem Wunsch
   a. So, als ob es gerade geschieht.
2. **Emotionen** zu deinem Wunsch
   a. So, als ob es gerade geschieht.
3. Drücke deine **Dankbarkeit** aus.
   a. So, als ob es gerade geschieht.

In einer wissenschaftlichen Annahme aus der Quantenphysik besteht alles zu 99,9999 % aus Energie. Aus Energie werden Atome, daraus Moleküle, je nach chemischer Verkettung entstehen flüssige, feste, weiche, ... Stoffe.

Widmest du deinen Wünschen Aufmerksamkeit, als ob sie bereits geschehen sind, gibst du der Energie Aufmerksamkeit. Bisher war es möglicherweise so, dass es im Außen eine Ursache gab, die dich innerlich gut fühlen ließ, oder? Du gehst nun künftig von INNEN nach AUSSEN. Dir geht es innerlich gut, DAS kannst du selbst steuern, bist frei vom Außen. Die Wirkung ist im Außen positiv spürbar. Ich habe es unzählige Male selbst erlebt, es ist immer wieder faszinierend und erfüllend.

Du schaffst durch das wiederholte Erleben der 3 Punkte (Gedanken, Emotionen, Dankbarkeit) neue NEURONALE VERINDUNGEN in deinem Gehirn, was dazu führt, dass du bereits vor Eintreten der Realität in deiner Kraft bist, diese zu erleben.

Deinem Gehirn ist es egal, ob es wirklich passiert oder sich nur in deinen Gedanken abspielt. Du hast es in der Hand ein selbstbestimmtes Leben zu haben.

#quickMove

<u>Wichtig ist:</u> Erschaffst du dir deine Realität und einer der 3 Punkte wird mit z.B. Zweifeln überschattet, funktioniert es nicht.

<u>Beispiel:</u> Du wünschst dir ein freies Leben, bist aber die letzten Jahrzehnte mit vielen Schuldgefühlen bestückt gewesen. Bleiben die Schuldgefühle beim Erschaffen deiner Realität, bekommst du Schuldgefühle, weil deine Aufmerksamkeit genau dorthin fließt. Übe dich in Heilung und habe Gedanken in voller Liebe.

UMSETZEN, LOS GEHT'S

Schritt für Schritt nach vorn und immer wieder mal zurück.
Ich setze auf Anfang und habe einen anderen Blick.

Eine innere Stimme weckt mich wieder auf,
sie zieht mich immer wieder raus.
Raus aus meinen Gedanken, die mich bremsen,
mich zum Stillstand bringen.
Ich bin geboren, um zu leben mit all meinen Sinnen,
geboren, um der Last zu entrinnen.

Es darf leicht sein,
keine Ausreden, niemand stellt mir ein Bein.

Was ist mit dir, wen spielst du in diesem Spiel?

Gehen wir gemeinsam Hand in Hand,
rennen frei in die Zukunft oder auch mal gegen eine Wand?

Es ist unser Geburtsrecht frei zu sein,
nur du selbst stellst dir ein Bein?

Ich bin frei und bin bereit dich mitzunehmen,
dass auch du kannst fest auf beiden Beinen stehen.

Ab und zu auch mal abheben und andere Luft schnuppern.

Alles mit Respekt und Liebe, niemanden unterbuttern.

Von Mensch zu Mensch, Empowerment leben

Motivation, Ausdauer und Disziplin werden uns bewegen.

ACTION los geht's.

A steht für Authentizität das C für Charisma,

was du dann lebst.

Das T für Transformation durch innere Stärke,

O für Orientierung und deine Werte.

Es fehlt noch das I für Intuition,

aufs Herz und den ersten Impuls hören, du weißt es schon.

N für Nachhaltigkeit, damit bleibt die Beständigkeit.

All das steckt in dir, lass es uns wecken.

Erfreu' dich und lass' uns die Arme in die Lüfte strecken.

Hoch hinaus und doch verwurzelt mit dem Boden.

Ich bin geboren, um zu leben mit all meinen Sinnen,

geboren, um der Last zu entrinnen.

Mein Körper erinnert mich automatisch daran.

Höre ich drauf, kann ich zeigen, was ich kann.

Einige sagen, ich will die Lorbeeren ernten,
hey ja, genau und diese dann anderen schenken.

Mein Gewinn ist auch dein Gewinn,
wenn du fähig bist, es zu sehen.

Wir alle zusammen individuell und
einzigartig in unserer Stärke,
gemeinsam im Team, auf einem Weg mit Respekt und
Unabhängigkeit, leben wir unsere Werte.

Umsetzen bringt Wirkung und das ist echt stark,
für jeden, der sich leicht und frei fühlen mag.

Was kommt alles, in dir hoch. Schreibe oder male es:

Wer bist du __MIT__ den Gedanken, Emotionen, Bildern?

Was fühlst, siehst, denkst du? Z.B. Ich fühle mich schlecht. Was bedeutet schlecht?
Wie eine Schwere lastet auf mir. Was macht diese Schwere mit mir? Sie löst in mir
Anhängigkeit aus, das engt mich ein. LIES DIR ALLES DURCH bzw. SCHAU DIR DEIN
BILD AN. Erlebe es.

Wer bist du <u>OHNE</u> die Gedanken, Emotionen, Bildern?

Was fühlst, siehst, denkst du? Z.B. Ich fühle mich gut. Was bedeutet gut? Wie ein Wind, der durch mich weht. Was macht das mit dir? Es macht mich glücklich. LIES DIR ALLES DURCH bzw. SCHAU DIR DEIN BILD AN. Erlebe es.

Nutze die folgenden 5 Schritte für eine direkte Umsetzung.

1. Was möchte ich nicht mehr?

2. Was möchte ich stattdessen?

3. Warum möchte ich 2.? (z.B. ich fühle mich leichter, freier, zufriedener ...) Diese Antworten treiben dich an, leichter umzusetzen und durchzuhalten.

4. Wen oder was brauche ich für die Umsetzung?

5. Wann genau (Datum oder Tag) setze ich um?

#quickMove

Stell' dir vor, dass alles genau JETZT umgesetzt ist. Gedanklich mit den passenden Emotionen und sei dankbar dafür (obwohl es nur in deinem Kopf ist.) Praktiziere dies vor jedem Einschlafen und direkt nach dem Aufwachen. Du stehst auf und gehst schlafen mit dem Gedanken, den Emotionen und der Dankbarkeit, dass es bereits umgesetzt ist und schaffst neue Denkmuster.

STARKES MINDSET - KRAFT SÄTZE

Ich bin in meiner Mitte und gehe langsame Schritte.

Ich lebe den Moment, wo ich jetzt bin.

Jeder Augenblick ist für mich ein Gewinn.

Meinem Leben gebe ich einen Kuss.

Einatmen, Arme hoch, alles ist im Fluss.

Ausatmen, Hände nach unten schütteln.

Alles loslassen und im Jetzt leben, mit allen Mitteln.

Ich stehe zu mir und nehme mich an.

Ich tue das täglich und fange direkt damit an.

#quickMove

Kraftsätze können dich und dein Immunsystem im Alltag stärken, deine Laune heben und deinem Leben eine positive Wendung geben.

So funktioniert es:

SPRICH die Sätze/den Satz und EMPFINDE, die für dich passende Emotion oder visualisiere (bildliche Vorstellung). Integriere dies in Alltagsroutinen, z.B. beim Aufstehen, wenn du mit Wasser Kontakt hast. Du programmierst dein Gehirn um und erlebst die Wirkung. Wann die Wirkung eintritt, hängt davon ab, wie oft du wiederholst, wie tief du in die Emotionen bzw. Visualisierung gehst und wie tief die negativen Themen verankert sind.

Welche Kraftsätze oder welchen einen Kraftsatz wirst du in den nächsten 30 Tagen wiederholt mit Emotionen bzw. Visualisierungen in deinen Alltag integrieren?

#quickMove

Warum 30 Tage? Du hast ein Ziel, welches dich unterstützt, genügend Wiederholungen zu haben, um die Wirkung für eine Automatisierung zu erleben. Es gibt hier viele Studie, worin Wissenschaftler eine Anzahl erforscht haben, diese sind zwischen 20 und 150 Wiederholungen. Es ist sehr davon abhängig, was ich automatisieren möchte.

IST AUFNAHME

Bevor du mit dem Buch endest, erlebe nach dem Lesen des Buches eine weitere messbare IST-AUFNAHME. Das unterstützt dich im Wahrnehmen üben, was wiederum dazu führt, dass du achtsamer und gelassener bist.

Die IST-AUFNAHME kennst du schon vom Anfang des Buches, eine Selbsteinschätzung mit großer Wirkung.

Ich möchte hier in diesem Buch alle Möglichkeiten nutzen, damit du das Beste herausholst und DEN HÖCHSTEN NUTZEN FÜR DICH erlebst.

Du kannst ins Buch schreiben oder ein Blatt Papier nutzen:

Los geht's.
1. Folgeseite, Tabelle 1: Beantworte für dich die Frage, was nach deiner Vorstellung jedes Thema bedeutet. Z. B. Gesundheit – krank sein (Spalte 2), aktiver sein und weniger Schmerzen (Spalte 3)
2. Folgeseite: Themenrad ist nur eine bildliche Darstellung, du kannst auch direkt zu 3. gehen. Es sind die gleichen Themen wie in der vorher ausgefüllten Tabelle. Gehe intuitiv vor, nimm die erste Zahl, die kommt. Verbinde die Zahlen, was nimmst du wahr?
3. Folgeseite, Tabelle 2: Trage die IST Zahl zum Thema aus dem Themenrad ein. Hast du 2. übersprungen, dann Wähle eine Zahl zwischen 0 und 10, wie das Thema in aktuell IST ZAHL und wie du es dir wünschst WUNSCH ZAHL
4. Spalte 4, Tabelle 2: Gehe direkt ins Umsetzen, welche Schritte führen dich zur Wunsch Zahl?

0 bedeutet, du lebst das Thema nicht zufriedenstellend, 10 bedeutet alles läuft prima.

Ich selbst verwende das Themenrad alle 6 Monate, um bewusst wahrzunehmen, was sich bereits verändert hat.

Es kann sein, dass sich dein komplettes Leben auf den Kopf stellt und es sich endlich richtig anfühlt.

DATUM: ....

Schreibe deine Antworten themenbezogen in die Spalten.

Thema	Das möchte ich NICHT erleben	Das wünsche ich mir, genau so
GESUNDHEIT		
ZUKUNFT		
UMSETZUNGSSTÄRKE		
PARTNER*		
FAMILIE		
FREUNDE		
FREIZEIT		
JOB/BUSINESS		
FINANZEN/VERMÖGEN		
MINDSET/GEDANKEN		
DANKBARKEIT		
SELBSTLIEBE/SELBSTWERT		

*weiblich, männlich, divers

Wähle intuitiv eine Zahl zwischen 0 und 10. Trage sie auf der Linie themenbezogen ein. Was fällt dir auf, wenn du die Zahlen verbindest? Falls du nicht bildlich erleben möchtest. Dann gehe direkt weiter zur Tabelle.

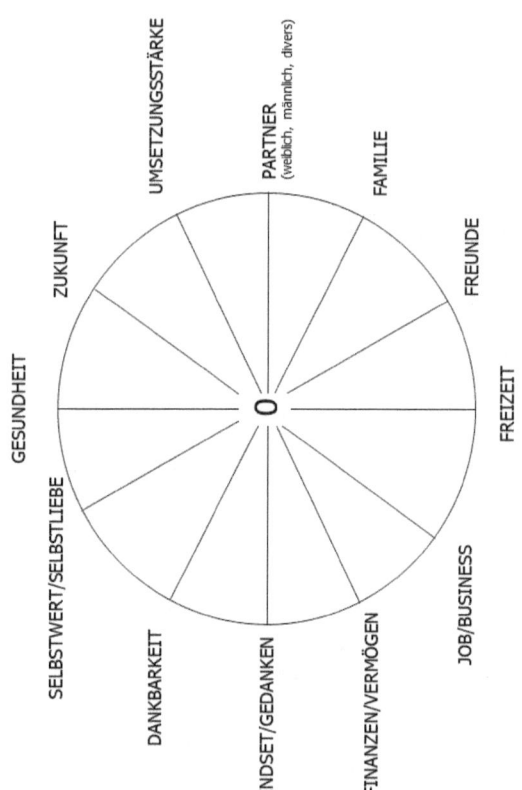

DATUM: ....

Trage dein IST- und WUNSCHZAHL in Spalte 2 und 3. Wähle eine Zahl zwischen 0 und 10 (0 du lebst die Themen gar nicht, 10 du lebst sie zu 100%)

Thema	IST ZAHL	WUNSCH ZAHL	Das tue ich, um die Wunschzahl zu erreichen/mögliche Schritte
GESUNDHEIT			
ZUKUNFT			
UMSETZUNGSSTÄRKE			
PARTNER*			
FAMILIE			
FREUNDE			
FREIZEIT			
JOB/BUSINESS			
FINANZEN/VERMÖGEN			
MINDSET/GEDANKEN			
DANKBARKEIT			
SELBSTLIEBE7-WERT			

*weiblich, männlich, divers

Du hast das Buch gelesen, wahrgenommen, empfunden, erlebt und deine eigene Welt entstehen lassen.

Herzlichen Glückwunsch für die Schaffung deines eigenen Raumes.

Meine große Vision ist: Auszeiten schaffen, ein Lächeln in dein Gesicht zaubern, was unter anderem durch Umsetzen, Auszeiten und Liebe ermöglicht wird.

Was ist deine Vision?

Weshalb ist mein Fokus auf Auszeiten, Umsetzen und Liebe? Diese drei Themen haben mir geholfen, in den Flow zu kommen und heute eine Leben zu haben, wo alles möglich ist. ES IST MÖGLICH ist daher auch mein Unternehmensname. Dir ermöglichen dir diese 3 Themen in einer stressigen Welt wie unsere, den Überblick zu behalten, durch Gelassenheit und Liebe gesünder zu bleiben, dein Immunsystem und deine Umsetzungskraft zu stärken sowie lösungsorientiertes Denken.

Mit diesem Buch hast du die Grundlagen und Routinen geschaffen, womit du Freiheit, Leidenschaft und Spaß ab genau JETZT leben kannst, wenn du es möchtest.

Wünsche haben wir alle und du weißt jetzt genau, wie du dir deine Realität erschaffst. (Seite 237) Die Umsetzung liegt in deinen Händen.

Durch bewusstes Wahrnehmen, Liebe und Achtsamkeit hältst du den Kontakt zu dir und gleichzeitig zu Menschen in deinem Umfeld. Du bist in Balance mit deiner Energie (Ruhe und Power).

Du bist bereit. Du suchst nicht mehr, weil du weißt, dass der Sinn im Moment zu finden ist. Du hast dir damit mehr Zeit und Kraft für andere wichtige Dinge in deinem Leben geschaffen.

1. **Welche Wirkung haben diese Worte auf dich?**
2. **Welche Erkenntnisse wirken auf dich?**
3. **Was machst du mit deinen Erkenntnissen?**

Ich wünsche dir, innere Ruhe und Gelassenheit,
dass du spürst Freiheit, Spaß und Emotionen jederzeit.

Ich wünsche dir, dass du loslassen kannst,
dich frei fühlst, ohne Sorgen und Angst.

Ich wünsche dir, dass du nie vergisst deine Wurzeln
und die Ideen weiterhin aus dir purzeln,
um aus dieser Welt eine bessere zu machen,
mit viel Herz, Sonnenschein und Lachen.

Welche Fragen sind offen? Was schwirrt dir durch den Kopf?
Was schiebst du möglicherweise immer noch auf?
An welche Grenzen gerätst du noch?
Melde dich gerne für einen Austausch.

Umsetzungsstarke und herzliche Grüße

Kathrin Laborda

Zeitfracht Medien GmbH
Ferdinand-Jühlke-Straße 7
99095 Erfurt, Deutschland
produktsicherheit@kolibri360.de